AI 혁명,
직업의 미래

의사부터 창업가까지
100개의 직업이 바뀌는 순간!

지식
서관

인공지능(AI) 시대,
우리의 직업은 어떻게 변화하는가?

인공지능(AI)은 더 이상 미래의 이야기가 아니다. 이미 우리의 일터와 직업 속으로 깊이 들어와 세상을 바꾸고 있다. 의사와 간호사는 AI 진단 시스템과 함께 환자를 치료하고, 교사는 AI 학습 분석을 통해 학생 개개인의 학습을 지도하며, 변호사는 AI 법률 분석을 활용해 더 정확한 판단을 내린다.

예술가와 작가, 엔지니어와 연구자, 기업 경영자와 상담사까지 수많은 직업이 지금 이 순간 AI와 함께 새로운 방식으로 진화하고 있다.

이 책 **『AI 혁명, 직업의 미래』**은 다양한 직업이 인공지능 기술을 통해 어떻게 변화하고 있는지 흥미로운 사례와 함께 쉽게 설명한다.

이 책에서 다루는 내용은 의사, 간호사, 약사 등 의료 분야의 AI 혁명, 교사와 교수, 교육 전문가들의 교육 혁명, 변호사, 판사, 법률 전문가들의 법률 AI 시대, 예술가, 작가, 디자이너의 창작의 변화, 기업 경영자와 산업 현장의 AI 혁신, 미래 사회에서 인간이 맡게 될 새로운 역할 등등, 106개의 수많은 직업을 다루고 있다.

이 책은 단순히 기술을 설명하는 책이 아니다. AI 시대에 인간이 어떤 능력을 가지고 살아가야 하는지를 이야기하는 책이다. 인공지능이 발전할수록 인간의 창의성, 공감 능력, 윤리적 판단은 더욱 중요해진다. AI는 인간을 대체하는 존재가 아니라 인간과 함께 새로운 시대를 만드는 파트너이기 때문이다.

만약 당신이 미래 직업이 어떻게 변할지 궁금하다면 AI 시대에 어떤 준비를 해야 할지 알고 싶다면 인공지능이 만드는 새로운 세상을 이해하고 싶다면 이 책이 그 질문에 대한 통찰과 방향을 제시해 줄 것이다.

지금 우리는 인류 역사상 가장 거대한 직업의 변화 속에 살고 있다. 그리고 그 변화의 중심에는 AI 혁명이 있다.

이 책을 읽어야 할 사람은 미래 직업이 궁금한 학생, 변화하는 산업을 이해하고 싶은 직장인이다.

저자는 변화하는 시대 속에서 인간의 직업과 미래 사회를 탐구하는 연구자이자 작가이다. 특히 인공지능 시대에 인간의 역할이 어떻게 변화하는지에 깊은 관심을 가지고 다양한 직업 분야를 연구하고 있다.

AI 기술의 급속한 발전이 의료, 교육, 법률, 예술, 산업 등 다양한 영역에서 어떤 혁신을 만들어 내는지 탐구하며, 인간과 인공지능이 협력하는 새로운 사회를 독자들에게 쉽고 흥미롭게 전달하는 글을 쓰고 있다.

이 책 **『AI 혁명, 직업의 미래』**에서는 의사, 교사, 변호사, 예술가, 엔지니어 등 수많은 직업이 AI 기술을 통해 어떻게 변화하고 있는지 구체적으로 설명하며, 인공지능 시대에 인간이 어떤 방향으로 나아가야 하는지 통찰을 제시한다.

저자는 앞으로도 인간과 기술이 함께 만들어 갈 미래 사회에 대해 지속적으로 연구하고 집필할 예정이다.

저자 이재광(AI 협업 집필)

contents

AI 혁명, 직업의 미래

1. 의사의 AI 혁명

AI 진단 시스템과 의료 데이터 분석 기술은 질병을 더 빠르고 정확하게 발견하도록 도우며 의사의 진료를 혁신하고 있다.

21세기 의료 현장은 지금 거대한 변곡점에 서 있다. 바로 인공지능(AI)의 등장이다. 오랫동안 의사는 방대한 의학 지식과 임상 경험을 바탕으로 환자의 증상을 분석하고 진단과 치료를 결정하는 전문가로 인식되어 왔다. 그러나 AI 기술이 발전하면서 의료 분야의 역할과 방식에도 큰 변화가 일어나고 있다. 이 변화는 단순한 기술 도입이 아니라, 의료 패러다임 자체를 바꾸는 '의사의 AI 혁명' 이라고 할 수 있다.

AI는 이미 다양한 의료 영역에서 의사를 돕고 있다. 대표적인 분야가 영상 판독이다. CT, MRI, X-ray와 같은 의료 영상을 AI가 분석하여 질병의 징후를 빠르게 찾아낼 수 있다. 실제로 일부 질환에서는 AI가 숙련된 전문의와 비슷하거나 더 높은 정확도로 이상 징후를 발견하기도 한다. 이를 통해 의사는 보다 빠르게 진단하고, 환자는 조기에 치료를 받을 수 있게 되었다.

또한 AI는 방대한 의료 데이터를 분석하는 능력을 통해 정밀 의료의 발전을 이끌고 있다. 환자의 유전자 정보, 생활 습관, 과거 병력 등을 종합적으로 분석하여 개인에게 가장 적합한 치료 방법을 제시하는 것이다. 이러한 맞춤형 의료는 기존의 획일적인 치료 방식에서 벗어나 환자 중심의 의료 서비스를 가능하게 한다.

진료 현장에서도 AI의 역할은 점점 확대되고 있다. AI 기반 의료 보조 시스템은 의사가 진단을 내릴 때 참고할 수 있는 다양한 정보를 제공하며, 환자의 상태 변화를 지속적으로 분석하여 위험 신호를 미리 알려주기도 한다. 특히 응급의학이나 중환자 치료 분야에서는 이러한 기술이 환자의 생명을 구하는 데 중요한 역할을 하고 있다.

그러나 AI가 발전한다고 해서 의사의 역할이 사라지는 것은 아니다. 오히려 AI는 의사의 능력을 확장시키는 도구가 된다. AI는 데이터를 분석하고 패턴을 발견하는 데 뛰어나지만, 환자의 감정과 상황을 이해하고 공감하며 최종적인 치료 결정을 내리는 것은 여전히 인간 의사의 영역이다. 환자와의 신뢰 관계를 형성하고 윤리적 판단을 내리는 능력 또한 인간 의사만이 할 수 있는 중요한 역할이다.

결국 의사의 AI 혁명은 '의사가 AI를 대체한다'는 이야기가 아니라 'AI와 함께 진화하는 의사'의 이야기라고 할 수 있다. 앞으로의 의사는 단순히 질병을 치료하는 전문가를 넘어, AI 기술을 이해하고 활용하여 더 정확하고 효율적인 의료 서비스를 제공하는 미래형 전문가가 될 것이다. 이러한 변화 속에서 의료의 본질인 인간에 대한 이해와 공감은 더욱 중요한 가치로 남게 될 것이다.

2. 변호사의 AI 혁명

**AI 법률 분석 시스템은 방대한 판례와
법률 자료를 빠르게 검토하여 사건의
핵심 쟁점을 효율적으로 찾아낸다.**

　법률은 오랫동안 인간의 판단과 논리를 기반으로 발전해 온 분야이다. 변호사는 복잡한 법률 규정을 해석하고, 사건의 사실 관계를 분석하며, 의뢰인의 권리를 보호하는 역할을 수행해 왔다. 법정에서의 논리적 변론, 계약서 작성, 판례 연구 등은 오랜 시간 동안 변호사의 전문성과 경험이 가장 중요한 자산으로 여겨져 왔다. 그러나 최근 인공지능(AI)의 발전은 법률 분야에도 큰 변화를 가져오고 있으며, 이러한 변화는 '변호사의 AI 혁명' 이라고 불릴 만큼 빠르게 진행되고 있다.

AI가 법률 분야에서 가장 먼저 활용되기 시작한 영역은 판례 분석과 법률 검색이다. 과거에는 변호사가 수많은 판례와 법률 자료를 일일이 찾아 분석해야 했지만, 이제는 AI 기반 법률 검색 시스템이 방대한 데이터를 빠르게 분석하여 유사한 사건과 관련 판례를 제시해 준다. 이를 통해 변호사는 짧은 시간 안에 사건에 필요한 법적 근거를 찾고 보다 전략적인 법률 대응을 준비할 수 있게 되었다.

또한 AI는 계약서 검토와 문서 작성에서도 큰 역할을 하고 있다. 기업 간 계약이나 법률 문서는 매우 복잡하고 긴 경우가 많기 때문에 작은 조항 하나가 중요한 법적 문제를 발생시킬 수 있다. AI는 이러한 문서를 분석하여 위험 요소가 될 수 있는 조항을 자동으로 찾아내고 수정이 필요한 부분을 제안한다. 이는 변호사의 업무 효율성을 크게 높이고 법률 서비스의 정확성을 강화하는 데 기여하고 있다.

법률 상담 분야에서도 AI 기술이 활용되고 있다. AI 기반 법률 상담 시스템은 기본적인 법률 정보를 제공하고 간단한 법적 문제에 대해 안내를 해 줄 수 있다. 이를 통해 일반 시민들은 보다 쉽게 법률 정보를 접할 수 있으며, 법률 서비스의 접근성도 높아지고 있다. 특히 소액 분쟁이나 일상적인 법률 문제에서는 이러한 기술이 큰 도움을 주고 있다.

그러나 법률의 핵심은 단순한 정보 분석을 넘어선 인간적 판단에 있다. 사건마다 다른 사회적 맥락과 인간의 감정, 윤리적 판단이 필요하기 때문이다. AI는 데이터를 분석하고 유사한 사례를 찾아주는 데 뛰어나지만, 사건의 의미를 깊이 이해하고 의뢰인의 입장을 대변하며 설득력 있는 논리를 만들어 내는 것은 여전히 변호사의 역할이다. 법정에서의 전략적 판단과 인간적인 설득력은 인공지능이 쉽게 대체할 수 없는 영역이다.

따라서 변호사의 AI 혁명은 변호사를 대신하는 기술 혁명이 아니라 변호사의 능력을 확장시키는 혁명이라고 볼 수 있다. AI는 반복적이고 방대한 자료 분석 업무를 담당하고, 변호사는 전략적 판단과 인간 중심의 법률 서비스를 제공하는 역할을 하게 된다. 앞으로의 변호사는 법률 지식뿐만 아니라 AI 기술을 이해하고 활용하는 능력까지 갖춘 새로운 형태의 법률 전문가로 성장하게 될 것이다. 이러한 변화 속에서 변호사는 기술과 인간의 가치를 연결하는 중요한 역할을 수행하며 미래의 법률 환경을 만들어 가게 될 것이다.

변호사는 인공지능의 분석을 바탕으로 전략적 판단과 인간적 설득력을 더해 더 정교한 법률 서비스를 제공하는 역할로 발전하고 있다.

3. 교사의 AI 혁명

AI 학습 분석 시스템은 학생들의 학습 수준과 이해도를 실시간으로 분석하여 맞춤형 교육을 가능하게 한다.

교육은 인간의 지식과 경험을 다음 세대에 전달하는 가장 중요한 사회적 활동 가운데 하나이다. 그 중심에는 항상 교사가 존재해 왔다. 교사는 단순히 지식을 전달하는 사람이 아니라 학생의 잠재력을 발견하고 성장을 돕는 안내자이며, 때로는 삶의 방향을 제시하는 멘토이기도 하다. 그러나 21세기에 들어 인공지능(AI) 기술이 급속히 발전하면서 교육 현장 역시 큰 변화를 맞이하고 있다. 이 변화는 단순한 교육 도구의 변화가 아니라 교육의 방식과 교사의 역할을 새롭게 정의하는 '교사의 AI 혁

명' 이라고 할 수 있다.

AI는 이미 다양한 형태로 교육 현장에 도입되고 있다. 대표적인 것이 AI 기반 학습 시스템이다. 이러한 시스템은 학생들의 학습 수준과 이해도를 분석하여 개인에게 맞는 학습 콘텐츠를 제공한다. 예를 들어 수학 문제를 풀 때 학생이 어떤 유형의 문제에서 어려움을 겪는지 AI가 분석하여 맞춤형 문제를 제공하거나, 부족한 개념을 다시 설명하는 방식이다. 이를 통해 학생들은 자신의 속도에 맞추어 학습할 수 있으며 학습 효율도 높아지게 된다.

또한 AI는 교사의 업무 부담을 줄이는 데에도 도움을 준다. 시험 채점, 과제 분석, 학습 데이터 관리 등 반복적인 행정 업무를 AI가 지원하면서 교사는 학생 지도와 상담에 더 많은 시간을 할애할 수 있게 된다. 특히 AI는 학생들의 학습 패턴을 분석하여 학습 부진의 원인을 미리 파악하고 필요한 학습 전략을 제안하기도 한다. 이러한 기술은 교사가 학생 개개인의 학습 상황을 더욱 정확하게 이해하는 데 큰 도움을 준다.

온라인 교육 환경에서도 AI의 역할은 점점 확대되고 있다. AI 튜터나 학습 도우미 프로그램은 학생이 질문을 하면 즉시 설명을 제공하고, 학습 과정을 안내하는 역할을 수행한다. 이러한 시스템은 언제 어디서든 학습이 가능하도록 도와주며 교육의 접근성을 크게 높여 주고 있다. 특히 원격 교육이 확대되는 시대에 이러한 기술은 중요한 교육 도구로 자리 잡고 있다.

그러나 교육의 본질은 단순한 정보 전달이 아니라 인간의 성장과 관계 속에서 이루어진다. 학생의 고민을 이해하고, 실패를 겪은 학생을 격려하며, 올바른 가치관을 형성하도록 돕는 일은 인공지능이 대신할 수 없는 영역이다. 교사는 학생의 표정과 감정을 읽고 상황에 맞는 조언을 건네며 인간적인 신뢰 관계를 형성한다. 이러한 교육적 영향력은 기술만으로는 결코 대체될 수 없다.

결국 교사의 AI 혁명은 교사가 사라지는 미래를 의미하지 않는다. 오히려 AI는 교사의 능력을 확장하고 교육의 가능성을 넓혀 주는 도구가 된다. AI가 데이터 분석과 학습 지원을 담당하는 동안 교사는 학생의 성장과 인성을 이끄는 교육자로서 더 중요한 역할을 수행하게 된다. 앞으로의 교사는 교육 전문가이면서 동시에 AI 기술을 활용하는 새로운 형태의 교육 리더가 될 것이다. 이러한 변화 속에서 교사는 기술과 인간 교육을 연결하는 중심적인 존재로 미래 교육을 만들어 가게 될 것이다.

교사는 인공지능의 도움을 받아 학생 개개인의 성장을 지도하며 창의력과 인성을 키우는 교육자로 더욱 중요한 역할을 하게 된다.

4. 초등학교 교사의 AI 혁명

AI 학습 분석과 교육 플랫폼은 학생들
의 이해도와 학습 속도를 파악해 맞춤
형 기초 교육을 가능하게 한다.

  아이들이 처음으로 사회와 만나는 공간 가운데 하나가 바로
초등학교이다. 초등학교 교사는 어린 학생들이 학교 생활에 적
응하도록 돕고, 기초적인 학습 능력과 생활 습관을 형성하도록
이끄는 중요한 역할을 한다. 읽기와 쓰기, 기초 수학뿐만 아니
라 협동, 배려, 책임감과 같은 사회적 가치도 이 시기에 배우게
된다. 이러한 과정 속에서 초등학교 교사는 단순한 지식 전달자
를 넘어 학생들의 성장과 발달을 돕는 안내자이자 보호자의 역
할을 수행한다. 그러나 최근 인공지능(AI) 기술의 발전은 초등

교육 현장에도 새로운 변화를 가져오고 있으며, 이는 '초등학교 교사의 AI 혁명'이라고 부를 수 있을 만큼 의미 있는 변화로 평가되고 있다.

AI는 초등 교육에서 맞춤형 학습을 가능하게 하는 중요한 도구로 활용되고 있다. 초등학생들은 학습 속도와 이해 수준의 차이가 매우 크기 때문에 동일한 방식의 수업만으로는 모든 학생을 만족시키기 어렵다. AI 기반 학습 시스템은 학생의 학습 데이터를 분석하여 각 학생에게 맞는 문제와 학습 자료를 제공한다. 예를 들어 어떤 학생이 덧셈과 뺄셈에서 어려움을 겪고 있다면 AI가 이를 분석하여 해당 개념을 반복 학습할 수 있는 문제를 제공하는 방식이다. 이를 통해 학생들은 자신에게 맞는 속도로 학습을 진행할 수 있게 된다.

또한 AI는 교사의 수업 준비와 학급 운영에도 도움을 준다. 학습 분석 시스템은 학생들의 과제 수행 결과와 학습 태도를 분석하여 어떤 학생이 추가적인 도움이 필요한지 알려준다. 이러한 정보는 교사가 학생 개개인의 학습 상태를 더 정확하게 이해하는 데 도움이 된다. 또한 시험 채점이나 학습 자료 정리와 같은 반복적인 업무를 AI가 지원함으로써 교사는 학생 지도와 상담에 더 많은 시간을 사용할 수 있게 된다.

특히 초등학교에서는 학생들의 정서와 사회성 발달이 매우 중요하다. AI는 학생들의 학습 참여도나 행동 패턴을 분석하여 학습 집중도가 낮아지는 시점을 파악하거나 학습 활동을 다양하게 제안하는 방식으로 수업을 보조할 수 있다. 이를 통해 교사는 수업의 흐름을 더욱 효과적으로 조절하고 학생들의 참여를 이끌어 낼 수 있다.

그러나 초등 교육에서 가장 중요한 것은 여전히 인간적인 관계이다. 어린 학생들은 교사의 따뜻한 격려와 관심을 통해 자신감을 얻고 학교 생활에 적응해 간다. 학생의 작은 변화나 감정을 알아차리고 적절한 지도를 하는 것은 인공지능이 대신할 수 없는 부분이다. 아이들의 손을 잡아 주고 용기를 북돋아 주는 교사의 역할은 기술이 아무리 발전해도 쉽게 대체될 수 없다.

결국 초등학교 교사의 AI 혁명은 교사를 대신하는 변화가 아니라 교사를 더욱 강력하게 만드는 변화라고 할 수 있다. AI는 학습 데이터를 분석하고 교육 활동을 지원하는 도구로 활용되며, 교사는 학생들의 성장과 인성을 이끄는 교육자로서 더욱 중요한 역할을 수행하게 된다. 앞으로의 초등학교 교사는 교육 전문가이면서 동시에 AI 기술을 활용하는 미래형 교사로 발전하게 될 것이다. 이러한 변화 속에서 교사는 아이들의 첫 번째 교육 경험을 더욱 풍부하고 의미 있게 만들어 가는 중요한 주역이 될 것이다.

5. 기자의 AI 혁명

AI 데이터 분석과 자동 기사 생성 기술은 방대한 정보를 빠르게 정리해 뉴스 제작 속도와 정확성을 높이고 있다.

언론은 사회의 사실을 기록하고 전달하는 중요한 역할을 수행해 왔다. 그 중심에는 언제나 기자가 있었다. 기자는 현장을 찾아가 사실을 확인하고, 다양한 정보를 취재하며, 이를 바탕으로 사회에 필요한 이야기를 기사로 전달한다. 이러한 과정은 오랫동안 인간의 경험과 판단, 그리고 끈질긴 취재 활동에 의해 이루어져 왔다. 그러나 최근 인공지능(AI)의 발전은 언론 환경에도 새로운 변화를 가져오고 있다. 정보가 넘쳐나는 디지털 시내 속에서 AI는 뉴스 생산 방식과 기자의 역할을 변화시키며

'기자의 AI 혁명'을 만들어 가고 있다.

AI가 언론 분야에서 가장 먼저 활용된 영역은 데이터 분석과 기사 작성 보조이다. 특히 스포츠 경기 결과나 주식 시장 정보처럼 수치 중심의 데이터 기사에서는 AI가 자동으로 기사를 작성하는 기술이 이미 사용되고 있다. 경기 결과나 기업 실적 발표와 같은 데이터를 입력하면 AI가 빠르게 기사 형태로 정리하여 보도 자료를 만들 수 있다. 이러한 기술은 뉴스 생산 속도를 크게 높이며 기자들이 더 중요한 취재 활동에 집중할 수 있도록 도와준다.

또한 AI는 방대한 정보 속에서 의미 있는 데이터를 찾아내는 데에도 활용되고 있다. 인터넷과 SNS에는 매일 수많은 정보가 생성되는데, AI는 이러한 데이터를 분석하여 중요한 이슈나 사회적 흐름을 빠르게 포착한다. 이를 통해 기자는 새로운 뉴스의 단서를 발견하고 보다 깊이 있는 취재를 진행할 수 있다. 특히 데이터 저널리즘 분야에서는 AI 분석 기술이 중요한 도구로 자리 잡고 있다.

영상과 사진 분석 기술 역시 언론 환경을 변화시키고 있다. AI는 영상 자료 속 인물이나 장면을 자동으로 분석하여 필요한 자료를 빠르게 찾아주며, 기사 제작 과정에서도 다양한 편집 작업을 지원한다. 이러한 기술은 뉴스 제작 시간을 단축시키고 보다 다양한 콘텐츠를 생산하는 데 도움을 준다.

그러나 기자의 역할은 단순한 정보 전달을 넘어선다. 사회의 문제를 깊이 있게 분석하고 권력을 감시하며, 숨겨진 사실을 밝혀내는 탐사 보도는 인간 기자의 끈질긴 노력과 판단이 필요한 영역이다. AI는 데이터를 분석하고 정보를 정리하는 데 뛰어나지만, 현장을 직접 취재하고 사람들의 목소리를 듣는 일은 여전히 인간 기자의 몫이다. 또한 정보의 진위를 판단하고 사회적 책임을 고려하여 보도 여부를 결정하는 윤리적 판단 역시 인간의 역할이다.

따라서 기자의 AI 혁명은 기자를 대체하는 변화라기보다 기자의 능력을 확장하는 변화라고 볼 수 있다. AI는 정보 분석과 기사 작성 보조 역할을 수행하고, 기자는 보다 깊이 있는 취재와 사회적 의미를 전달하는 역할을 맡게 된다. 앞으로의 기자는 취재 능력뿐만 아니라 데이터 분석과 AI 활용 능력을 함께 갖춘 새로운 형태의 언론 전문가로 성장하게 될 것이다. 이러한 변화 속에서 기자는 기술과 인간의 책임 있는 저널리즘을 연결하며 미래의 언론 환경을 만들어 가는 중요한 역할을 계속해서 수행하게 될 것이다.

6. 경찰의 AI 혁명

AI 범죄 분석 시스템과 지능형 감시 기술은 범죄 패턴을 예측하고 사건 대응을 더욱 신속하게 만든다.

사회 질서를 유지하고 시민의 안전을 지키는 역할을 담당하는 직업이 바로 경찰이다. 경찰은 범죄를 예방하고 사건을 수사하며 위급한 상황에서 시민을 보호하는 중요한 공공 안전의 수호자이다. 오랫동안 경찰의 업무는 현장 경험과 직관, 그리고 수사 기술에 의존해 왔다. 범죄 현장을 조사하고 단서를 찾아 사건을 해결하는 과정은 경찰의 전문성과 노력에 크게 의존하는 영역이었다. 그러나 최근 인공지능(AI)의 발전은 치안 환경에도 큰 변화를 가져오고 있으며, 이러한 변화는 '경찰의 AI 혁

명' 이라고 불릴 만큼 새로운 시대를 열고 있다.

AI 기술은 범죄 예방과 치안 관리 분야에서 활발하게 활용되고 있다. 대표적인 예가 범죄 예측 시스템이다. AI는 과거 범죄 데이터를 분석하여 특정 지역과 시간대에서 범죄 발생 가능성을 예측할 수 있다. 이러한 정보를 바탕으로 경찰은 순찰 경로를 효율적으로 조정하고 범죄가 발생할 가능성이 높은 지역에 더 많은 인력을 배치할 수 있다. 이는 범죄 발생을 사전에 줄이는 데 중요한 역할을 한다.

또한 AI는 영상 분석 기술을 통해 범죄 수사에도 도움을 주고 있다. 도시 곳곳에 설치된 CCTV 영상은 매우 방대한 양이기 때문에 이를 사람이 모두 분석하는 것은 쉽지 않다. AI는 영상 속 인물의 움직임이나 차량 번호 등을 자동으로 분석하여 사건과 관련된 중요한 단서를 빠르게 찾아낼 수 있다. 이러한 기술은 실종자 수색이나 범죄 용의자 추적에서도 중요한 역할을 한다.

디지털 범죄 수사 분야에서도 AI의 활용이 확대되고 있다. 인터넷과 스마트폰 사용이 늘어나면서 사이버 범죄 역시 증가하고 있는데, AI는 온라인 데이터를 분석하여 범죄 조직의 활동 패턴을 파악하거나 의심스러운 행동을 감지하는 데 도움을 준다. 이를 통해 경찰은 보다 신속하게 범죄에 대응할 수 있게 되었다.

그러나 경찰의 역할은 단순히 기술을 활용하는 것만으로 이루어지지 않는다. 범죄 피해자를 위로하고 시민과 소통하며 공동체의 신뢰를 쌓는 일은 인간 경찰만이 할 수 있는 중요한 역할이다. 사건 현장에서 상황을 종합적으로 판단하고 시민의 안전을 고려하여 결정을 내리는 일 또한 인간의 경험과 책임감이 필요한 영역이다. AI는 정보를 분석하고 경고를 제공할 수 있지만, 현장에서 시민의 생명을 보호하는 최종적인 판단은 경찰의 몫이다.

결국 경찰의 AI 혁명은 경찰을 대신하는 변화가 아니라 경찰의 능력을 확장시키는 변화라고 할 수 있다. AI는 방대한 데이터를 분석하고 범죄 예방과 수사를 지원하는 역할을 하며, 경찰은 현장 대응과 인간 중심의 치안 활동을 담당하게 된다. 앞으로의 경찰은 전통적인 수사 능력뿐만 아니라 AI 기술을 이해하고 활용하는 능력까지 갖춘 새로운 형태의 치안 전문가로 발전하게 될 것이다. 이러한 변화 속에서 경찰은 기술과 인간의 책임을 함께 갖춘 미래 치안의 중심 역할을 수행하게 될 것이다.

7. 군인의 AI 혁명

AI 기반 전장 분석과 무인 전투 시스템은 전투 상황을 실시간으로 분석하여 작전의 정확성과 효율성을 높이고 있다.

국가의 안전과 평화를 지키는 직업 가운데 가장 상징적인 직업이 바로 군인이다. 군인은 외부의 위협으로부터 국가를 보호하고, 전쟁이나 긴급 상황에서 국민의 생명과 영토를 지키는 중요한 임무를 수행한다. 오랫동안 군사력은 병력의 규모와 무기의 성능, 그리고 군인의 용기와 훈련 수준에 의해 결정되어 왔다. 그러나 21세기에 들어 인공지능(AI) 기술이 급속히 발전하면서 군사 환경 역시 큰 변화를 맞이하고 있다. 이리한 변화는 단순한 무기의 발전을 넘어 전쟁의 방식과 군인의 역할 자체를

바꾸는 '군인의 AI 혁명'이라고 할 수 있다.

AI 기술은 현대 군사 작전에서 다양한 형태로 활용되고 있다. 가장 대표적인 분야는 무인 시스템이다. 드론과 무인 정찰 장비는 AI 기술을 활용하여 위험한 지역을 정찰하고 적의 움직임을 실시간으로 파악할 수 있다. 과거에는 군인이 직접 위험 지역에 들어가 정보를 수집해야 했지만, 이제는 무인 장비가 이를 대신함으로써 군인의 안전을 크게 높일 수 있게 되었다. 이러한 기술은 전장 상황을 보다 정확하게 파악하는 데 중요한 역할을 하고 있다.

또한 AI는 군사 전략 수립에서도 중요한 도구로 활용되고 있다. 현대 전장은 매우 복잡하고 다양한 정보가 빠르게 변화하기 때문에 이를 인간이 모두 분석하기는 쉽지 않다. AI는 위성 정보, 레이더 데이터, 통신 정보 등 방대한 군사 데이터를 분석하여 전장 상황을 빠르게 파악하고 최적의 작전 방향을 제시할 수 있다. 이를 통해 지휘관은 보다 정확한 판단을 내릴 수 있으며 군사 작전의 효율성도 높아지게 된다.

군수 지원 분야에서도 AI의 역할은 점점 확대되고 있다. 군대는 많은 장비와 물자를 운영하기 때문에 효율적인 관리가 매우 중요하다. AI는 장비의 상태를 분석하여 고장을 미리 예측하고, 필요한 물자를 적절한 시점에 공급할 수 있도록 지원한다. 이러한 기술은 군사 작전의 지속성과 안정성을 높이는 데 중요한 역할을 한다.

그러나 전쟁과 평화를 결정하는 최종적인 판단은 여전히 인간의 몫이다. AI는 데이터를 분석하고 정보를 제공할 수 있지만, 전쟁의 윤리적 판단과 인간의 생명을 고려한 결정은 인간만이 내릴 수 있는 영역이다. 군인은 단순히 기술을 사용하는 사람이 아니라 국가의 가치와 책임을 지키는 존재이기 때문이다. 전장에서의 용기와 책임감, 그리고 동료를 지키려는 인간적인 결단은 인공지능이 대신할 수 없는 중요한 가치이다.

따라서 군인의 AI 혁명은 군인을 대체하는 변화가 아니라 군인의 능력을 확장하는 변화라고 볼 수 있다. AI는 정보 분석과 위험한 임무를 지원하는 역할을 하고, 군인은 전략적 판단과 책임 있는 결정을 내리는 역할을 담당하게 된다. 앞으로의 군인은 전통적인 군사 훈련뿐만 아니라 첨단 기술을 이해하고 활용하는 능력을 갖춘 새로운 형태의 군사 전문가로 발전하게 될 것이다. 이러한 변화 속에서 군인은 기술과 인간의 책임을 함께 지닌 미래 국방의 중심적인 역할을 수행하게 될 것이다.

8. 건축가의 AI 혁명

AI 설계 프로그램은 건물 구조, 에너지 효율, 공간 활용을 분석하여 최적의 건축 설계를 빠르게 제안한다.

　도시는 인간의 삶을 담아내는 공간이며, 그 공간을 설계하고 만들어 가는 사람이 바로 건축가이다. 건축가는 단순히 건물을 설계하는 기술자가 아니라 인간의 생활 방식과 문화, 환경을 고려하여 공간의 가치를 창조하는 창작자라고 할 수 있다. 오랜 세월 동안 건축 설계는 건축가의 경험과 감각, 그리고 창의적인 아이디어에 의해 이루어져 왔다. 그러나 최근 인공지능(AI)의 발전은 건축 설계 방식에도 새로운 변화를 가져오고 있으며, 이러한 변화는 건축 분야에서 '건축가의 AI 혁명'이라고 불릴 만

큼 큰 흐름을 만들어 내고 있다.

AI는 건축 설계 과정에서 다양한 방식으로 활용되고 있다. 대표적인 기술이 바로 생성형 설계(Generative Design)이다. 건축가는 건물의 용도, 면적, 구조 조건, 환경 요소 등 여러 가지 설계 조건을 입력하면 AI가 수많은 설계안을 자동으로 생성해 준다. 이러한 과정에서 AI는 공간 효율성, 채광, 통풍, 에너지 소비 등 다양한 요소를 동시에 분석하여 가장 효율적인 설계안을 제안할 수 있다. 이를 통해 건축가는 보다 빠르게 다양한 설계 가능성을 검토할 수 있게 된다.

또한 AI는 도시 환경 분석과 건축 시뮬레이션에서도 중요한 역할을 하고 있다. 건물을 설계할 때 주변 건물의 높이, 바람의 흐름, 햇빛의 방향, 교통 흐름 등 다양한 요소를 고려해야 한다. AI는 이러한 데이터를 분석하여 건물이 환경에 미치는 영향을 미리 예측하고 최적의 설계 방향을 제시한다. 이는 에너지 효율이 높은 친환경 건축을 설계하는 데에도 큰 도움을 준다.

건축 공정 관리에서도 AI의 활용이 확대되고 있다. 건설 현장에서는 수많은 작업이 동시에 이루어지기 때문에 일정 관리와 안전 관리가 매우 중요하다. AI는 공사 진행 상황을 분석하여 일정 지연 가능성을 예측하고, 위험 요소를 미리 파악하여 안전사고를 줄이는 데 도움을 준다. 이러한 기술은 건설 프로젝트의 효율성과 안정성을 높이는 데 중요한 역할을 하고 있다.

그러나 건축의 본질은 단순한 구조 설계나 기술적 효율성만으로 완성되지 않는다. 건축은 인간의 삶과 감정을 담아내는 예술이기도 하다. 사람들이 그 공간에서 어떤 느낌을 받고 어떤 경험을 하게 될지를 상상하며 공간을 설계하는 일은 건축가의 창의성과 철학이 필요한 영역이다. AI는 데이터를 분석하고 다양한 설계안을 제시할 수 있지만, 공간에 의미와 이야기를 담아내는 일은 여전히 인간 건축가의 몫이다.

　따라서 건축가의 AI 혁명은 건축가를 대신하는 기술 혁명이 아니라 건축가의 창의성을 확장하는 혁명이라고 할 수 있다. AI는 데이터 분석과 설계 보조 역할을 수행하고, 건축가는 공간의 철학과 인간 중심의 가치를 설계하는 역할을 맡게 된다. 앞으로의 건축가는 전통적인 설계 능력뿐만 아니라 AI 기술을 활용하여 더 혁신적이고 지속 가능한 건축을 만들어 내는 미래형 전문가로 발전하게 될 것이다. 이러한 변화 속에서 건축가는 기술과 인간의 삶을 연결하는 창조적인 역할을 계속해서 수행하게 될 것이다.

9. 요리사의 AI 혁명

**AI 레시피 분석과 식재료 데이터 기술
은 새로운 맛의 조합을 발견하고 조리
과정을 효율적으로 개선하고 있다.**

음식은 인간의 삶에서 가장 기본적이면서도 중요한 요소 가
운데 하나이다. 사람들은 음식을 통해 생명을 유지할 뿐만 아니
라 문화와 감정을 나누며 삶의 즐거움을 경험한다. 이러한 음식
을 창의적으로 만들고 새로운 맛을 만들어 내는 사람이 바로 요
리사이다. 요리사는 재료의 특성을 이해하고 조리 방법을 연구
하여 맛과 영양, 그리고 아름다움을 갖춘 음식을 만들어 낸다.
오랫동안 요리의 세계는 요리사의 경험과 감각, 그리고 전통적
인 조리 기술을 바탕으로 발전해 왔다. 그러나 최근 인공지능

⒜ 기술의 발전은 음식 산업과 요리 환경에도 새로운 변화를 가져오고 있으며, 이러한 변화는 '요리사의 AI 혁명'이라고 불릴 만큼 요리 연구와 조리 방식에 새로운 가능성을 열고 있다.

AI는 음식 연구와 레시피 개발 과정에서 중요한 역할을 하고 있다. 세계에는 수많은 음식 재료와 조리 방식이 존재하며 다양한 조합이 새로운 맛을 만들어 낼 수 있다. AI는 방대한 음식 데이터와 레시피 정보를 분석하여 새로운 재료 조합이나 조리 방법을 제안할 수 있다. 이러한 기술은 요리사가 새로운 메뉴를 개발하고 다양한 맛을 탐색하는 데 도움을 줄 수 있다.

또한 AI는 주방 운영과 식재료 관리에서도 활용되고 있다. 음식점에서는 식재료의 보관과 사용 계획을 효율적으로 관리하는 것이 중요하다. AI 기반 시스템은 판매 데이터와 고객 주문 패턴을 분석하여 필요한 식재료의 양을 예측하고 재고 관리를 지원할 수 있다. 이러한 기술은 음식 낭비를 줄이고 주방 운영의 효율성을 높이는 데 기여한다.

조리 자동화 기술에서도 AI는 활용되고 있다. 일부 스마트 주방 시스템과 조리 로봇은 AI를 활용하여 일정한 품질의 음식을 자동으로 조리할 수 있다. 이러한 기술은 반복적인 조리 작업을 지원하고 대규모 음식 생산 환경에서 효율성을 높이는 데 도움을 준다.

그러나 요리의 본질은 단순한 기술이나 데이터 분석만으로 이루어지지 않는다. 음식의 맛과 향, 그리고 식문화의 의미를 이해하고 사람들의 감정을 고려하여 요리를 만드는 일은 요리사의 감각과 창의력이 필요한 영역이다. 또한 요리는 문화와 전통을 담고 있는 예술적인 표현이기도 하다.

　따라서 요리사의 AI 혁명은 요리사를 대체하는 변화가 아니라 요리 창작의 가능성을 더욱 확장하는 변화라고 할 수 있다. AI는 레시피 연구와 주방 운영을 지원하는 도구로 활용되며, 요리사는 새로운 맛과 음식 문화를 창조하는 역할을 수행하게 된다. 앞으로의 요리사는 전통적인 조리 기술과 함께 AI 기반 음식 분석 기술을 활용하는 새로운 형태의 창작자로 발전하게 될 것이다. 이러한 변화 속에서 요리사는 기술과 미식을 결합하여 더욱 풍부한 음식 문화를 만들어 가는 중요한 역할을 계속 수행하게 될 것이다.

10. 영양사의 AI 혁명

**AI 건강 데이터 분석은 개인의 체질과
생활 습관을 반영한 맞춤형 식단 설계
를 가능하게 한다.**

　건강한 삶을 유지하기 위해서는 올바른 식습관과 균형 잡힌
영양 관리가 매우 중요하다. 음식은 단순히 배를 채우는 수단이
아니라 인간의 건강과 성장, 그리고 삶의 질에 직접적인 영향을
미치는 요소이다. 이러한 영양 관리를 전문적으로 연구하고 식
단을 설계하는 사람이 바로 영양사이다. 영양사는 개인이나 집
단의 건강 상태와 생활 환경을 고려하여 적절한 식단을 계획하
고 영양 균형을 유지하도록 돕는 역할을 한다. 병원, 학교, 기
업, 공공 기관 등 다양한 분야에서 영양사는 사람들의 건강한

식생활을 지원해 왔다. 그러나 최근 인공지능(AI) 기술의 발전은 영양 관리 분야에도 새로운 변화를 가져오고 있으며, 이러한 변화는 '영양사의 AI 혁명'이라고 불릴 만큼 식단 관리와 건강 분석 방식에 새로운 가능성을 열고 있다.

AI는 개인 맞춤형 영양 관리에서 중요한 역할을 하고 있다. 사람마다 신체 상태와 생활 습관, 건강 목표가 다르기 때문에 개인에게 맞는 식단이 필요하다. AI 기반 건강 관리 시스템은 개인의 체중, 활동량, 건강 데이터 등을 분석하여 적절한 영양 섭취 기준과 식단을 제안할 수 있다. 이러한 기술은 보다 정밀한 영양 관리를 가능하게 한다.

또한 AI는 식단 분석과 식재료 관리에서도 활용되고 있다. AI는 음식의 영양 성분 데이터를 분석하여 식단의 영양 균형을 평가하고 부족하거나 과잉된 영양소를 파악하는 데 도움을 줄 수 있다. 이러한 분석은 영양사가 보다 체계적인 식단 계획을 세우는 데 중요한 자료가 된다.

대규모 급식 관리에서도 AI 기술은 활용되고 있다. 학교나 병원, 기업의 급식 시스템에서는 많은 사람들의 식사를 관리해야 하기 때문에 효율적인 식단 계획과 식재료 관리가 필요하다. AI는 이용자들의 건강 상태와 선호도를 분석하여 적절한 식단을 설계하고 식재료 사용량을 예측하는 데 도움을 줄 수 있다.

그러나 영양 관리의 본질은 단순한 데이터 분석이나 자동화된 시스템만으로 이루어지지 않는다. 개인의 건강 상태와 생활 환경을 이해하고 지속 가능한 식습관을 형성하도록 지도하는 일은 영양사의 전문적인 지식과 상담 능력이 필요한 영역이다. 또한 식생활은 문화와 생활 방식과도 깊이 연결되어 있기 때문에 인간적인 이해가 중요하다.

따라서 영양사의 AI 혁명은 영양사를 대체하는 변화가 아니라 영양 관리의 가능성을 확장하는 변화라고 할 수 있다. AI는 건강 데이터 분석과 식단 설계를 지원하는 도구로 활용되며, 영양사는 개인의 건강과 생활 습관을 고려한 전문적인 상담과 지도를 수행하게 된다. 앞으로의 영양사는 영양학 지식과 함께 AI 기반 건강 분석 기술을 활용하는 새로운 형태의 건강 관리 전문가로 발전하게 될 것이다. 이러한 변화 속에서 영양사는 기술과 인간적인 상담을 결합하여 더욱 건강한 식생활 문화를 만들어 가는 중요한 역할을 계속 수행하게 될 것이다.

11. 바리스타의 AI 혁명

AI 커피 분석 기술은 원두의 향미와 추출 데이터를 분석해 최적의 커피 맛을 찾아내는 데 도움을 준다.

커피는 현대인의 일상에서 빠질 수 없는 음료가 되었다. 아침을 시작하며 한 잔의 커피를 마시고, 사람들과 대화를 나누며 커피를 즐기고, 때로는 휴식의 순간을 위해 커피를 찾기도 한다. 이러한 커피 문화를 만들어 가는 사람이 바로 바리스타이다. 바리스타는 원두의 특성을 이해하고 로스팅과 추출 방법을 연구하여 향과 맛이 조화를 이루는 커피를 만들어 낸다. 또한 카페라는 공간에서 고객과 소통하며 커피 경험을 제공하는 역할을 수행한다. 오랫동안 커피 제조는 바리스타의 감각과 경험,

그리고 섬세한 기술을 바탕으로 발전해 왔다. 그러나 최근 인공지능(AI) 기술의 발전은 커피 산업에도 새로운 변화를 가져오고 있으며, 이러한 변화는 '바리스타의 AI 혁명'이라고 불릴 만큼 커피 제조와 카페 운영 방식에 새로운 가능성을 열고 있다.

AI는 커피 추출 과정에서 중요한 역할을 하고 있다. 커피의 맛은 원두의 종류, 분쇄도, 물의 온도, 추출 시간 등 다양한 요소에 따라 달라진다. AI 기반 커피 머신은 이러한 데이터를 분석하여 최적의 추출 조건을 설정하고 일정한 품질의 커피를 만들어 낼 수 있다. 이러한 기술은 커피의 품질을 안정적으로 유지하는 데 도움을 준다.

또한 AI는 카페 운영 관리에서도 활용되고 있다. 판매 데이터와 고객 방문 패턴을 분석하여 어떤 메뉴가 인기 있는지 파악하고 원두와 재료의 사용량을 예측할 수 있다. 이러한 분석은 카페 운영의 효율성을 높이고 서비스 품질을 개선하는 데 기여한다.

커피 연구와 메뉴 개발에서도 AI 기술은 활용될 수 있다. AI는 다양한 원두 데이터와 향미 정보를 분석하여 새로운 블렌딩 조합이나 커피 메뉴 아이디어를 제안할 수 있다. 이러한 기술은 바리스타가 새로운 커피 경험을 창조하는 데 도움을 줄 수 있다.

그러나 커피 문화의 본질은 단순한 기술적 추출 과정만으로 이루어지지 않는다. 커피의 향과 맛을 이해하고 고객의 취향을 고려하여 한 잔의 커피를 완성하는 일은 바리스타의 감각과 경험에서 비롯된다. 또한 카페라는 공간에서 사람들과 소통하고 따뜻한 분위기를 만들어 가는 일 역시 중요한 요소이다.

따라서 바리스타의 AI 혁명은 바리스타를 대체하는 변화가 아니라 커피 문화의 가능성을 확장하는 변화라고 할 수 있다. AI는 커피 추출과 운영 관리를 지원하는 도구로 활용되며, 바리스타는 커피의 맛과 문화를 창조하는 역할을 수행하게 된다. 앞으로의 바리스타는 전통적인 커피 기술과 함께 AI 기반 커피 분석 기술을 활용하는 새로운 형태의 전문가로 발전하게 될 것이다. 이러한 변화 속에서 바리스타는 기술과 감성을 결합하여 더욱 풍부한 커피 문화를 만들어 가는 중요한 역할을 계속 수행하게 될 것이다.

12. 디자이너의 AI 혁명

**AI 디자인 생성 도구는 다양한 스타일
과 아이디어를 빠르게 제안해 창작의
가능성을 크게 넓혀 주고 있다.**

디자인은 우리의 일상 속에서 매우 중요한 역할을 한다. 제품의 형태와 기능, 광고와 브랜드 이미지, 공간과 시각 표현 등 다양한 영역에서 디자인은 사람들의 경험을 풍부하게 만들고 정보를 효과적으로 전달한다. 이러한 창의적인 작업을 수행하는 사람이 바로 디자이너이다. 디자이너는 색채, 형태, 구조, 사용자 경험 등을 고려하여 제품이나 서비스, 콘텐츠를 아름답고 효율적으로 설계하는 역할을 한다. 오랫동안 디자인 작업은 디자이너의 창의력과 감각, 그리고 다양한 디자인 도구를 활용한 작

업을 통해 이루어져 왔다. 그러나 최근 인공지능(AI) 기술의 발전은 디자인 환경에도 새로운 변화를 가져오고 있으며, 이러한 변화는 '디자이너의 AI 혁명'이라고 불릴 만큼 디자인 방식과 창작 과정에 큰 영향을 미치고 있다.

AI는 디자인 아이디어를 탐색하는 과정에서 중요한 도구로 활용되고 있다. 디자이너는 새로운 형태와 색상, 레이아웃을 고민하며 다양한 시안을 만들어야 하는데, AI 기반 디자인 도구는 여러 가지 디자인 스타일과 시각적 조합을 빠르게 생성할 수 있다. 이러한 기술은 디자이너가 더 많은 아이디어를 실험하고 창의적인 방향을 탐색하는 데 도움을 준다.

또한 AI는 이미지 생성과 디자인 자동화에서도 활용되고 있다. AI 기반 그래픽 생성 기술은 다양한 시각 자료를 빠르게 만들어 낼 수 있으며, 반복적인 디자인 작업을 자동화하는 기능도 제공한다. 이를 통해 디자이너는 단순한 작업에 소요되는 시간을 줄이고 보다 창의적인 기획과 표현에 집중할 수 있다.

사용자 경험 디자인에서도 AI 기술은 중요한 역할을 한다. AI는 사용자 행동 데이터를 분석하여 어떤 디자인이 사람들에게 더 편리하고 효과적인지 파악할 수 있다. 이러한 분석은 디자이너가 사용자 중심의 디자인을 설계하는 데 중요한 참고 자료가 된다.

그러나 디자인의 본질은 단순한 이미지 생성이나 기술적 자동화만으로 이루어지지 않는다. 디자인은 사람의 감정과 문화, 사회적 맥락을 이해하고 의미 있는 메시지를 전달하는 창의적인 작업이다. 새로운 스타일을 창조하고 브랜드의 정체성을 표현하는 일은 디자이너의 감각과 상상력이 필요한 영역이다.

따라서 디자이너의 AI 혁명은 디자이너를 대체하는 변화가 아니라 창작 환경을 더욱 확장하는 변화라고 할 수 있다. AI는 디자인 작업을 지원하고 다양한 아이디어를 제시하는 도구로 활용되며, 디자이너는 창의적인 방향을 설정하고 의미 있는 디자인을 만들어 내는 역할을 수행하게 된다. 앞으로의 디자이너는 예술적 감각과 함께 AI 기반 디자인 도구를 활용하는 새로운 형태의 창작자로 발전하게 될 것이다. 이러한 변화 속에서 디자이너는 기술과 창의성을 결합하여 더욱 풍부한 시각 문화와 사용자 경험을 만들어 가는 중요한 역할을 계속 수행하게 될 것이다.

13. 예술가의 AI 혁명

AI 창작 도구는 이미지와 음악, 영상 등 다양한 예술 표현을 확장하며 새로운 창작의 가능성을 열어 주고 있다.

예술은 인간의 감정과 생각을 표현하는 가장 오래된 창작 활동 가운데 하나이다. 그림, 음악, 조각, 공연, 문학 등 다양한 형태의 예술은 인간의 삶과 문화, 그리고 시대의 정신을 담아 왔다. 이러한 창작 활동을 통해 새로운 아름다움과 의미를 만들어 내는 사람이 바로 예술가이다. 예술가는 자신의 경험과 상상력, 감정을 바탕으로 작품을 창조하며 사회와 소통하는 역할을 한다. 오랫동안 예술 창작은 인간의 감각과 창의력, 그리고 다양한 표현 기술을 통해 발전해 왔다. 그러나 최근 인공지능(AI) 기

술의 발전은 예술 창작 환경에도 새로운 변화를 가져오고 있으며, 이러한 변화는 '예술가의 AI 혁명'이라고 불릴 만큼 창작 방식과 예술의 가능성을 확장시키고 있다.

AI는 예술 창작 과정에서 새로운 도구로 활용되고 있다. AI 기반 이미지 생성 기술이나 음악 생성 시스템은 다양한 스타일의 작품을 만들어 낼 수 있으며, 이를 통해 예술가는 새로운 표현 방법을 실험할 수 있다. 예를 들어 화가나 디지털 아티스트는 AI를 활용하여 색채와 형태의 다양한 조합을 탐색할 수 있으며, 음악가는 AI를 활용하여 새로운 멜로디와 리듬을 실험할 수 있다.

또한 AI는 예술 연구와 창작 영감의 확장에도 활용되고 있다. AI는 방대한 예술 작품 데이터를 분석하여 특정 시대의 예술 스타일이나 표현 방식을 연구하는 데 도움을 줄 수 있다. 이러한 분석은 예술가가 새로운 스타일을 탐구하거나 과거의 예술 전통을 현대적으로 재해석하는 데 영감을 제공한다.

예술 제작 과정에서도 AI 기술은 효율성을 높이는 역할을 한다. 디지털 편집, 영상 제작, 그래픽 디자인 등 다양한 창작 과정에서 AI는 반복적인 작업을 자동화하거나 새로운 시각적 효과를 구현하는 데 활용될 수 있다. 이러한 기술은 예술가가 보다 창의적인 표현에 집중할 수 있도록 돕는다.

그러나 예술의 본질은 단순한 이미지나 소리를 만들어 내는 기술적 과정만으로 이루어지지 않는다. 예술 작품에는 인간의 감정과 삶의 경험, 그리고 사회와 시대에 대한 메시지가 담겨 있다. 작품을 통해 사람들에게 감동과 의미를 전달하는 일은 예술가의 창의력과 인간적인 감수성에서 비롯된다.

따라서 예술가의 AI 혁명은 예술가를 대체하는 변화가 아니라 예술 창작의 가능성을 확장하는 변화라고 할 수 있다. AI는 창작 도구로 활용되어 다양한 표현 방식을 제시하며, 예술가는 이러한 기술을 활용하여 새로운 예술 세계를 탐구하는 역할을 수행하게 된다. 앞으로의 예술가는 전통적인 예술 감각과 함께 AI 기반 창작 도구를 활용하는 새로운 형태의 창작자로 발전하게 될 것이다. 이러한 변화 속에서 예술가는 기술과 인간의 감성을 결합하여 더욱 풍부하고 다양한 예술 문화를 만들어 가는 중요한 역할을 계속 수행하게 될 것이다.

14. 회계사의 AI 혁명

AI 회계 분석 시스템은 방대한 재무 데이터를 빠르게 처리하고 오류를 줄여 회계 업무의 정확성과 효율성을 높이고 있다.

　기업과 조직의 경제 활동을 기록하고 분석하는 역할을 담당하는 직업이 바로 회계사이다. 회계사는 기업의 재무 상태를 정확하게 파악하고, 재무제표를 작성하며, 세무와 감사 업무를 통해 기업 경영의 투명성을 확보하는 중요한 역할을 수행한다. 오랫동안 회계 업무는 수많은 장부와 숫자를 정리하고 분석하는 과정이 중심이었으며, 정확성과 꼼꼼함이 가장 중요한 전문 능력으로 여겨져 왔다. 그러나 최근 인공지능(AI) 기술의 발전은 회계 분야에도 큰 변화를 가져오고 있으며, 이러한 변화는 '회

계사의 AI 혁명'이라고 불릴 만큼 빠르게 진행되고 있다.

AI는 회계 업무의 자동화와 효율성을 크게 향상시키고 있다. 과거에는 영수증 정리, 거래 기록 입력, 계정 분류 등 반복적인 업무를 사람이 직접 처리해야 했지만, 이제는 AI 기반 회계 시스템이 이러한 작업을 자동으로 수행할 수 있다. AI는 기업의 거래 데이터를 분석하여 자동으로 계정을 분류하고 재무 데이터를 정리해 주기 때문에 회계 업무의 속도와 정확성이 크게 향상되고 있다. 이는 회계사가 보다 중요한 분석 업무에 집중할 수 있도록 돕는다.

또한 AI는 재무 데이터 분석에서도 중요한 역할을 한다. 기업의 거래 기록과 재무 데이터를 종합적으로 분석하여 이상 징후나 위험 요소를 조기에 발견할 수 있다. 예를 들어 비정상적인 거래 패턴이나 회계 부정 가능성을 AI가 빠르게 탐지하여 회계사에게 알려 줄 수 있다. 이러한 기술은 회계 감사의 정확성을 높이고 기업의 재무 투명성을 강화하는 데 큰 도움이 된다.

세무 분야에서도 AI 기술은 점점 확대되고 있다. 세법은 매우 복잡하고 자주 변화하기 때문에 이를 정확하게 적용하는 것은 쉽지 않다. AI는 최신 세법 정보를 분석하여 기업이나 개인에게 적절한 세무 전략을 제시하고, 세금 신고 과정에서도 오류를 줄이는 데 도움을 준다. 이러한 기술은 회계 서비스의 효율성을 높이고 보다 정확한 세무 관리를 가능하게 한다.

그러나 회계사의 역할은 단순히 숫자를 계산하고 데이터를 정리하는 것에 그치지 않는다. 기업의 재무 상황을 종합적으로 분석하고 경영 전략에 대한 조언을 제공하는 일은 인간 회계사의 전문적인 판단이 필요한 영역이다. 또한 윤리적 기준을 바탕으로 재무 정보의 신뢰성을 확보하고 사회적 책임을 지키는 일역시 회계사가 수행해야 할 중요한 역할이다. AI는 데이터를 분석하고 정보를 제공할 수 있지만, 최종적인 판단과 책임은 여전히 인간 회계사의 몫이다.

따라서 회계사의 AI 혁명은 회계사를 대체하는 변화가 아니라 회계사의 역할을 더욱 발전시키는 변화라고 할 수 있다. AI는 반복적이고 기술적인 업무를 담당하고, 회계사는 데이터 분석과 경영 자문 등 보다 전략적인 역할을 수행하게 된다. 앞으로의 회계사는 회계 지식뿐만 아니라 AI 기술을 이해하고 활용하는 능력을 갖춘 새로운 형태의 재무 전문가로 성장하게 될 것이다. 이러한 변화 속에서 회계사는 기술과 신뢰를 연결하며 미래 경제 활동의 중요한 파트너로 자리 잡게 될 것이다.

15. 은행가의 AI 혁명

AI 금융 분석과 신용 평가 시스템은 고객의 금융 데이터를 분석해 더 빠르고 정확한 금융 서비스를 가능하게 한다.

 은행은 현대 경제 시스템을 움직이는 중요한 금융 기관이다. 개인의 저축을 관리하고 기업의 자금 조달을 돕으며 사회 전체의 금융 흐름을 안정적으로 유지하는 역할을 수행한다. 이러한 금융 활동의 중심에서 자금 관리와 금융 서비스를 담당하는 사람이 바로 은행가이다. 은행가는 고객의 자산을 관리하고 대출과 투자 상담을 제공하며 금융 시장의 흐름을 분석하는 업무를 수행한다. 오랫동안 은행 업무는 금융 전문가의 경험과 고객 상담, 그리고 다양한 금융 데이터를 분석하는 과정을 통해 이루어

져 왔다. 그러나 최근 인공지능(AI) 기술의 발전은 금융 산업에
도 큰 변화를 가져오고 있으며, 이러한 변화는 '은행가의 AI 혁
명'이라고 불릴 만큼 금융 서비스와 은행 운영 방식에 새로운
가능성을 열고 있다.

AI는 금융 데이터 분석에서 중요한 역할을 하고 있다. 은행에
서는 고객의 거래 기록, 대출 정보, 시장 데이터 등 다양한 금융
정보가 지속적으로 생성된다. AI는 이러한 방대한 데이터를 분
석하여 금융 거래의 패턴을 파악하고 금융 서비스의 효율성을
높이는 데 도움을 줄 수 있다. 이를 통해 은행은 보다 정확한 금
융 분석과 서비스 제공이 가능해진다.

또한 AI는 고객 서비스 분야에서도 활용되고 있다. AI 기반
상담 시스템이나 챗봇은 고객의 기본적인 금융 문의에 빠르게
응답하고 다양한 금융 정보를 제공할 수 있다. 이러한 기술은
고객이 금융 서비스를 보다 편리하게 이용할 수 있도록 돕는다.

금융 위험 관리에서도 AI 기술은 중요한 역할을 한다. 대출
심사나 금융 거래 과정에서는 위험 요소를 정확하게 판단하는
것이 중요한데, AI는 다양한 금융 데이터를 분석하여 신용 위
험이나 이상 거래를 탐지하는 데 활용될 수 있다. 이러한 기술
은 금융 시스템의 안정성을 높이는 데 기여한다.

그러나 금융 서비스의 본질은 단순한 데이터 분석이나 자동
화된 시스템만으로 이루어지지 않는다. 고객의 상황을 이해하

고 장기적인 자산 관리 전략을 제시하는 일은 은행가의 경험과 신뢰를 바탕으로 이루어진다. 또한 금융 결정에는 책임과 윤리적 판단이 필요하다.

따라서 은행가의 AI 혁명은 은행가를 대체하는 변화가 아니라 금융 서비스의 가능성을 확장하는 변화라고 할 수 있다. AI는 금융 데이터를 분석하고 업무 효율성을 높이는 도구로 활용되며, 은행가는 고객의 자산 관리와 금융 전략을 설계하는 역할을 수행하게 된다. 앞으로의 은행가는 금융 지식과 함께 AI 기반 금융 분석 기술을 활용하는 새로운 형태의 금융 전문가로 발전하게 될 것이다. 이러한 변화 속에서 은행가는 기술과 금융 서비스를 결합하여 더욱 안정적이고 효율적인 금융 환경을 만들어 가는 중요한 역할을 계속 수행하게 될 것이다.

16. 은행원의 AI 혁명

AI 금융 시스템과 자동화 기술은 계좌 관리, 대출 심사, 고객 상담을 더욱 빠르고 정확하게 처리하도록 돕고 있다.

금융은 현대 사회의 경제 활동을 움직이는 중요한 기반이다. 그 중심에서 고객의 자산을 관리하고 금융 서비스를 제공하는 직업이 바로 은행원이다. 은행원은 예금과 대출 업무를 처리하고, 고객의 재무 상황을 분석하여 적절한 금융 상품을 안내하는 역할을 수행해 왔다. 오랫동안 은행 업무는 정확한 계산과 신뢰를 기반으로 이루어졌으며, 창구에서 고객을 직접 응대하는 것이 은행 서비스의 핵심이었다. 그러나 디지털 기술과 인공지능(AI)의 발전은 금융 환경을 빠르게 변화시키고 있으며, 이러한

변화는 '은행원의 AI 혁명'이라고 불릴 만큼 금융 산업의 새로운 시대를 열고 있다.

AI는 은행 업무의 효율성과 편의성을 크게 높이고 있다. 대표적인 예가 AI 기반 금융 서비스이다. 많은 은행들이 AI 챗봇을 통해 고객 상담 서비스를 제공하고 있으며, 고객은 스마트폰이나 인터넷을 통해 언제든지 금융 정보를 확인하고 상담을 받을 수 있다. 계좌 조회, 송금, 금융 상품 안내와 같은 기본적인 서비스는 AI 시스템이 빠르게 처리할 수 있기 때문에 고객은 보다 편리하게 금융 서비스를 이용할 수 있다.

또한 AI는 금융 데이터 분석에서도 중요한 역할을 한다. 은행은 고객의 거래 기록, 소비 패턴, 신용 정보 등 다양한 데이터를 보유하고 있는데, AI는 이러한 데이터를 분석하여 고객에게 맞는 금융 상품을 추천할 수 있다. 예를 들어 고객의 소비 패턴과 소득 수준을 분석하여 적절한 대출 상품이나 투자 상품을 제안하는 것이다. 이러한 맞춤형 금융 서비스는 고객 만족도를 높이고 금융 서비스의 질을 향상시키는 데 도움을 준다.

금융 보안 분야에서도 AI의 활용은 점점 확대되고 있다. 금융 거래는 높은 보안이 요구되는 영역이기 때문에 사기 거래나 이상 거래를 빠르게 탐지하는 것이 매우 중요하다. AI는 거래 데이터를 실시간으로 분석하여 평소와 다른 거래 패턴이 발생하면 즉시 경고를 보내고 금융 사기를 예방하는 역할을 한다. 이는 금융 시스템의 안정성과 신뢰성을 강화하는 데 큰 도움이 된다.

　그러나 금융 서비스의 본질은 단순한 거래 처리만으로 이루어지지 않는다. 고객의 삶의 계획을 함께 고민하고 재무적인 조언을 제공하는 일은 인간 은행원의 전문성과 경험이 필요한 영역이다. 고객의 상황과 목표를 이해하고 장기적인 금융 계획을 세워 주는 일은 인공지능이 쉽게 대체할 수 없는 부분이다. 또한 금융 거래에는 신뢰와 책임이 중요하기 때문에 고객과의 인간적인 관계 역시 중요한 가치로 남는다.

　따라서 은행원의 AI 혁명은 은행원을 대체하는 기술 혁명이 아니라 은행원의 역할을 더욱 발전시키는 변화라고 할 수 있다. AI는 반복적인 금융 업무와 데이터 분석을 담당하고, 은행원은 고객의 재무 상담과 금융 전략을 함께 고민하는 전문가로서의 역할을 수행하게 된다. 앞으로의 은행원은 금융 지식뿐만 아니라 AI 기술을 이해하고 활용하는 능력을 갖춘 새로운 형태의 금융 전문가로 성장하게 될 것이다. 이러한 변화 속에서 은행원은 기술과 신뢰를 연결하며 미래 금융 환경을 이끌어 가는 중요한 역할을 계속해서 수행하게 될 것이다.

17. 투자 전문가의 AI 혁명

AI 투자 분석 시스템은 방대한 시장 데이터와 금융 정보를 분석해 투자 기회를 빠르게 찾아낸다.

투자는 미래의 가치를 예측하고 자본을 효율적으로 배분하는 활동이다. 이러한 과정에서 중요한 역할을 하는 사람이 바로 투자 전문가이다. 투자 전문가는 주식, 채권, 부동산, 펀드 등 다양한 자산을 분석하여 투자 전략을 세우고 자산의 성장을 이끌어 가는 역할을 한다. 오랫동안 투자 결정은 경제 상황에 대한 분석, 기업의 재무 상태 평가, 시장 흐름에 대한 경험과 직관에 의해 이루어져 왔다. 그러나 최근 인공지능(AI) 기술의 발전은 금융 시상의 분석 방식과 투자 전략 수립 과정에 큰 변화를 가

져오고 있으며, 이러한 변화는 '투자 전문가의 AI 혁명'이라고 불릴 만큼 금융 산업 전반에 새로운 흐름을 만들어 내고 있다.

AI는 방대한 금융 데이터를 분석하는 능력을 통해 투자 환경을 크게 변화시키고 있다. 금융 시장에서는 매일 수많은 경제 지표와 기업 정보, 뉴스, 시장 데이터가 생성된다. 이러한 방대한 정보를 사람이 모두 분석하는 것은 매우 어려운 일이다. AI는 이러한 데이터를 실시간으로 분석하여 시장의 변화와 투자 기회를 빠르게 파악할 수 있다. 예를 들어 AI는 기업의 재무제표와 시장 데이터를 종합적으로 분석하여 성장 가능성이 높은 기업을 찾아내거나 투자 위험이 높은 자산을 미리 경고할 수 있다.

또한 AI는 알고리즘 트레이딩과 같은 자동 투자 시스템에서도 활용되고 있다. 알고리즘 트레이딩은 미리 설정된 투자 전략을 기반으로 AI가 자동으로 매매를 수행하는 방식이다. AI는 시장의 가격 변동과 거래 패턴을 분석하여 최적의 매매 시점을 찾아낼 수 있으며, 사람보다 훨씬 빠른 속도로 거래를 실행할 수 있다. 이러한 기술은 금융 시장의 거래 방식에도 큰 변화를 가져오고 있다.

투자 상담 분야에서도 AI의 활용이 확대되고 있다. 로보어드바이저라고 불리는 AI 기반 투자 서비스는 고객의 투자 성향과 재무 상황을 분석하여 맞춤형 투자 포트폴리오를 제안한다. 이를 통해 일반 투자자들도 보다 쉽게 전문적인 투자 전략을 활용할 수 있게 되었다. 이러한 기술은 투자 서비스의 접근성을 높이고 금융 시장의 새로운 변화를 만들어 내고 있다.

그러나 투자에는 단순한 데이터 분석을 넘어서는 요소들이 존재한다. 경제 환경의 변화, 정치적 상황, 사회적 흐름 등 다양한 요인을 종합적으로 판단해야 하기 때문이다. 또한 투자에는 위험이 따르기 때문에 장기적인 전략과 책임 있는 판단이 필요하다. AI는 데이터를 분석하고 가능성을 제시할 수 있지만, 최종적인 투자 결정과 책임은 여전히 인간 투자 전문가의 몫이다.

따라서 투자 전문가의 AI 혁명은 투자 전문가를 대신하는 변화가 아니라 투자 전문가의 능력을 확장하는 변화라고 할 수 있다. AI는 방대한 데이터를 분석하고 투자 기회를 발견하는 역할을 하며, 투자 전문가는 시장을 종합적으로 판단하고 전략을 설계하는 역할을 수행하게 된다. 앞으로의 투자 전문가는 금융 지식뿐만 아니라 AI 기술과 데이터 분석 능력을 함께 갖춘 새로운 형태의 금융 전문가로 발전하게 될 것이다. 이러한 변화 속에서 투자 전문가는 기술과 인간의 판단을 연결하며 미래 금융 시장을 이끌어 가는 중요한 역할을 계속 수행하게 될 것이다.

18. 마케터 전문가의 AI 혁명

AI 데이터 분석과 소비자 행동 예측 기술은 고객의 관심과 구매 패턴을 정밀하게 파악하도록 돕고 있다.

시장에서 제품과 서비스를 소비자에게 알리고 가치를 전달하는 역할을 하는 사람이 바로 마케팅 전문가이다. 마케터는 소비자의 욕구를 분석하고 시장의 흐름을 읽으며, 기업의 제품이나 브랜드가 소비자에게 매력적으로 다가갈 수 있도록 전략을 세운다. 광고, 브랜드 전략, 고객 경험 설계 등 다양한 활동이 마케팅 영역에 포함된다. 오랫동안 마케팅은 창의적인 아이디어와 시장 경험, 소비자 심리에 대한 이해를 바탕으로 이루어져 왔다. 그러나 최근 인공지능(AI) 기술의 발전은 마케팅 환경에

도 큰 변화를 가져오고 있으며, 이러한 변화는 '마케터 전문가의 AI 혁명'이라고 불릴 만큼 빠르게 확산되고 있다.

AI는 소비자 데이터를 분석하는 능력을 통해 마케팅 전략을 더욱 정교하게 만들어 주고 있다. 오늘날 소비자들은 인터넷 검색, 온라인 쇼핑, SNS 활동 등 다양한 디지털 활동을 통해 수많은 데이터를 남긴다. AI는 이러한 데이터를 분석하여 소비자의 관심사와 구매 패턴을 파악하고, 특정 고객에게 가장 적합한 제품이나 광고를 제안할 수 있다. 이를 통해 기업은 불특정 다수를 대상으로 하는 대량 광고보다 개인 맞춤형 마케팅을 수행할 수 있게 되었다.

또한 AI는 광고 콘텐츠 제작과 운영에서도 중요한 역할을 하고 있다. AI 기반 시스템은 소비자의 반응 데이터를 분석하여 어떤 광고 문구나 이미지가 더 효과적인지 판단하고, 광고 노출을 자동으로 최적화한다. 예를 들어 온라인 광고에서는 AI가 다양한 광고 문구와 디자인을 실시간으로 테스트하면서 가장 높은 반응을 얻는 광고를 자동으로 선택하여 노출시키는 방식이 활용되고 있다.

고객 관리 분야에서도 AI 기술은 중요한 역할을 한다. 기업은 AI를 활용하여 고객 상담 데이터를 분석하고 고객의 불만이나 요구 사항을 빠르게 파악할 수 있다. 또한 AI 챗봇을 통해 고객 상담 서비스를 제공함으로써 고객은 언제든지 필요한 정보를 얻을 수 있게 된다. 이러한 기술은 고객 경험을 향상시키고 기업과 소비자 간의 소통을 더욱 원활하게 만들어 준다.

그러나 마케팅의 핵심은 단순한 데이터 분석만으로 이루어지지 않는다. 브랜드의 철학을 만들고 소비자에게 감동을 주는 이야기와 메시지를 만들어 내는 것은 인간 마케터의 창의성과 통찰력이 필요한 영역이다. 소비자의 감정과 문화적 흐름을 이해하고 새로운 트렌드를 만들어 내는 일은 인공지능이 쉽게 대체할 수 없는 부분이다.

따라서 마케터 전문가의 AI 혁명은 마케터를 대체하는 변화가 아니라 마케터의 능력을 확장하는 변화라고 할 수 있다. AI는 방대한 데이터를 분석하고 마케팅 활동을 지원하는 역할을 하며, 마케터는 창의적인 전략과 브랜드 가치를 설계하는 역할을 수행하게 된다. 앞으로의 마케팅 전문가는 소비자 심리와 시장 전략뿐만 아니라 AI와 데이터 분석을 활용할 수 있는 능력을 갖춘 새로운 형태의 전문가로 발전하게 될 것이다. 이러한 변화 속에서 마케터는 기술과 인간의 창의성을 연결하며 미래의 시장을 만들어 가는 중요한 역할을 계속 수행하게 될 것이다.

19. 공무원의 AI 혁명

AI 행정 시스템과 데이터 분석 기술은 민원 처리와 정책 분석을 더 빠르고 정확하게 수행하도록 돕고 있다.

국가와 사회를 운영하는 행정의 중심에는 공무원이 있다. 공무원은 국민의 삶과 직결되는 다양한 행정 서비스를 제공하고, 사회 질서를 유지하며, 공공 정책을 실행하는 중요한 역할을 수행한다. 주민등록, 복지 서비스, 도시 행정, 교육 정책, 안전 관리 등 공공 행정의 거의 모든 영역에서 공무원의 역할이 필요하다. 오랫동안 행정 업무는 문서 처리와 행정 절차 중심으로 이루어져 왔으며, 많은 시간과 인력이 필요한 분야이기도 했다. 그러나 최근 인공지능(AI) 기술의 발전은 행정 환경에도 큰 변

화를 가져오고 있으며, 이러한 변화는 '공무원의 AI 혁명'이라고 불릴 만큼 공공 서비스의 새로운 시대를 열고 있다.

AI는 행정 업무의 효율성을 크게 높이는 도구로 활용되고 있다. 공공기관에서는 매일 수많은 민원과 행정 데이터가 생성되는데, AI는 이러한 데이터를 빠르게 분석하여 필요한 정보를 정리하고 업무 처리를 지원한다. 예를 들어 민원 상담 분야에서는 AI 챗봇이 기본적인 행정 정보를 안내하고 간단한 민원 상담을 처리할 수 있다. 이를 통해 시민들은 시간과 장소에 관계없이 행정 서비스를 이용할 수 있으며, 공무원들은 보다 복잡하고 중요한 업무에 집중할 수 있게 된다.

또한 AI는 정책 분석과 행정 의사 결정에도 도움을 주고 있다. 정부가 정책을 수립할 때는 경제 상황, 인구 변화, 사회 문제 등 다양한 데이터를 분석해야 한다. AI는 이러한 방대한 데이터를 분석하여 정책 효과를 예측하거나 사회 문제의 원인을 파악하는 데 도움을 준다. 이를 통해 보다 과학적이고 효율적인 정책 수립이 가능해지고 있다.

도시 관리와 공공 안전 분야에서도 AI의 활용이 확대되고 있다. 교통 흐름을 분석하여 교통 체증을 줄이는 스마트 교통 시스템이나, 재난 발생 가능성을 분석하여 위험을 미리 경고하는 시스템 등이 대표적인 사례이다. 이러한 기술은 시민의 안전을 높이고 도시 행정의 효율성을 향상시키는 데 중요한 역할을 한다.

그러나 공공 행정의 본질은 단순한 업무 처리만으로 이루어지지 않는다. 행정은 국민의 삶과 직접적으로 연결되어 있으며, 다양한 사회적 상황과 인간적인 요소를 고려해야 한다. 시민의 어려움을 이해하고 공정한 판단을 내리는 일은 인간 공무원의 책임과 역할이 필요한 영역이다. AI는 데이터를 분석하고 행정 업무를 지원할 수 있지만, 국민과 소통하며 책임 있는 결정을 내리는 일은 여전히 인간 공무원의 몫이다.

따라서 공무원의 AI 혁명은 공무원을 대체하는 변화가 아니라 공무원의 역할을 더욱 발전시키는 변화라고 할 수 있다. AI는 반복적인 행정 업무와 데이터 분석을 담당하고, 공무원은 정책 판단과 시민 중심의 행정을 수행하는 역할을 맡게 된다. 앞으로의 공무원은 행정 전문성뿐만 아니라 AI 기술과 데이터 활용 능력을 갖춘 새로운 형태의 공공 전문가로 발전하게 될 것이다. 이러한 변화 속에서 공무원은 기술과 공공 가치를 연결하며 미래 행정을 만들어 가는 중요한 역할을 계속 수행하게 될 것이다.

20. 물류 산업의 AI 혁명

AI 물류 관리 시스템은 배송 경로와 재고 데이터를 분석해 물류 흐름을 더욱 빠르고 효율적으로 운영하도록 돕고 있다.

　현대 사회에서 물류 산업은 경제 활동을 움직이는 중요한 기반이다. 우리가 일상에서 사용하는 상품들은 생산지에서 소비자에게 전달되기까지 복잡한 물류 과정을 거친다. 이 과정에서 물류 산업 종사자들은 상품의 보관, 이동, 분류, 배송 등을 관리하며 경제의 흐름을 유지하는 역할을 한다. 오랫동안 물류 산업은 많은 인력과 시간을 필요로 하는 노동 중심의 산업으로 인식되어 왔다. 그러나 최근 인공지능(AI) 기술의 발전은 물류 시스템에도 큰 변화를 가져오고 있으며, 이러한 변화는 '물류 산업

의 AI 혁명'이라고 불릴 만큼 산업 구조 자체를 바꾸고 있다.

AI는 물류 운영의 효율성을 높이는 핵심 기술로 활용되고 있다. 대표적인 분야가 물류 데이터 분석이다. 물류 기업은 매일 수많은 주문과 배송 데이터를 처리해야 하는데, AI는 이러한 데이터를 분석하여 가장 효율적인 배송 경로와 운송 계획을 제시한다. 이를 통해 배송 시간을 단축하고 물류 비용을 줄일 수 있으며, 기업은 보다 안정적인 물류 서비스를 제공할 수 있게 된다.

또한 AI는 물류 창고 관리에서도 중요한 역할을 하고 있다. 대형 물류센터에서는 수많은 상품이 보관되고 분류되기 때문에 효율적인 관리 시스템이 필요하다. AI 기반 물류 시스템은 상품의 위치를 자동으로 관리하고 주문이 들어오면 가장 빠른 경로로 상품을 찾아 분류할 수 있도록 지원한다. 특히 로봇과 AI 기술이 결합된 자동화 물류 창고에서는 로봇이 상품을 이동시키고 AI가 작업을 관리하면서 물류 처리 속도가 크게 향상되고 있다.

배송 과정에서도 AI 기술은 중요한 역할을 한다. AI는 교통 상황과 날씨, 배송 지역의 특성을 분석하여 최적의 배송 경로를 계산하고 배송 시간을 예측한다. 또한 자율주행 배송 차량이나 드론 배송 기술과 같은 새로운 물류 시스템도 AI 기술을 기반으로 발전하고 있다. 이러한 기술은 물류 산업의 미래를 크게 변화시키는 요소로 주목받고 있다.

그러나 물류 산업은 단순한 기술 시스템만으로 운영되는 분야는 아니다. 물류 현장에서는 예상하지 못한 상황이 발생하기도 하고, 고객 서비스와 협력 업체 관리 등 다양한 인간적인 판단이 필요한 업무도 존재한다. 물류 운영 전략을 세우고 문제 상황에 대응하는 일은 여전히 인간 전문가의 경험과 판단이 중요한 영역이다.

따라서 물류 산업의 AI 혁명은 물류 종사자를 대체하는 변화라기보다 물류 산업의 효율성과 전문성을 높이는 변화라고 할 수 있다. AI는 물류 데이터를 분석하고 자동화 시스템을 운영하는 역할을 담당하며, 인간 전문가들은 물류 전략을 수립하고 전체 운영을 관리하는 역할을 수행하게 된다. 앞으로의 물류 산업은 기술과 인간의 협력이 결합된 새로운 형태의 산업으로 발전하게 될 것이다. 이러한 변화 속에서 물류 산업은 더욱 빠르고 효율적인 시스템을 구축하며 미래 경제를 움직이는 중요한 기반으로 자리 잡게 될 것이다.

21. 유통 산업의 AI 혁명

AI 수요 예측과 고객 데이터 분석은
상품 재고 관리와 판매 전략을 더욱 정
교하게 만들고 있다.

유통 산업은 생산된 상품이 소비자에게 전달되는 과정을 담당하는 중요한 산업이다. 제조업이 상품을 만들어 낸다면 유통 산업은 그 상품을 소비자에게 연결하는 역할을 수행한다. 백화점, 대형마트, 온라인 쇼핑몰, 편의점 등 다양한 유통 채널을 통해 소비자들은 필요한 물건을 손쉽게 구매할 수 있다. 오랫동안 유통 산업은 상품을 매장에 진열하고 판매하는 방식 중심으로 운영되어 왔다. 그러나 최근 인공지능(AI) 기술의 발전과 디지털 환경의 변화는 유통 산업의 구조를 빠르게 바꾸고 있으며,

이러한 변화는 '유통 산업의 AI 혁명'이라고 불릴 만큼 새로운 시대를 만들어 가고 있다.

AI는 유통 산업에서 소비자 데이터를 분석하는 핵심 기술로 활용되고 있다. 온라인 쇼핑몰과 모바일 쇼핑 환경에서는 소비자의 검색 기록, 구매 이력, 관심 상품 등 다양한 데이터가 생성된다. AI는 이러한 데이터를 분석하여 소비자의 취향과 구매 패턴을 파악하고 개인에게 맞는 상품을 추천할 수 있다. 이러한 개인 맞춤형 추천 시스템은 소비자에게는 편리한 쇼핑 경험을 제공하고 기업에게는 판매 효율을 높이는 중요한 도구가 되고 있다.

또한 AI는 재고 관리와 상품 공급에도 큰 변화를 가져오고 있다. 유통 기업은 수많은 상품을 관리해야 하기 때문에 재고 관리가 매우 중요한 문제이다. AI는 판매 데이터를 분석하여 어떤 상품이 언제 많이 팔릴지 예측하고, 필요한 상품을 적절한 시기에 공급할 수 있도록 지원한다. 이를 통해 불필요한 재고를 줄이고 상품 부족으로 인한 판매 기회를 놓치는 문제도 줄일 수 있다.

오프라인 매장에서도 AI 기술이 활용되고 있다. 스마트 매장에서는 AI 카메라와 센서를 통해 고객의 이동 경로와 상품 선택 패턴을 분석하고 매장 진열 방식을 최적화할 수 있다. 또한 무인 계산 시스템과 자동 결제 기술이 도입되면서 고객은 줄을 서지 않고도 빠르게 결제를 할 수 있는 새로운 쇼핑 경험을 누리게 되었다.

그러나 유통 산업의 핵심은 단순한 판매 과정만으로 이루어지지 않는다. 고객과의 신뢰 관계를 형성하고 서비스 경험을 제공하는 일은 여전히 인간의 역할이 중요하다. 소비자의 다양한 요구를 이해하고 새로운 트렌드를 만들어 가는 일은 유통 전문가의 경험과 창의성이 필요한 영역이다. AI는 데이터를 분석하고 운영 효율을 높이는 역할을 하지만, 고객의 감정과 문화적 흐름을 읽는 일은 인간의 몫이다.

결국 유통 산업의 AI 혁명은 유통 종사자를 대체하는 변화가 아니라 유통 산업을 더욱 지능적이고 효율적으로 발전시키는 변화라고 할 수 있다. AI는 데이터 분석과 운영 자동화를 담당하고, 인간 전문가들은 고객 경험과 유통 전략을 설계하는 역할을 맡게 된다. 앞으로의 유통 산업은 기술과 인간의 서비스가 결합된 새로운 형태로 발전하게 될 것이다. 이러한 변화 속에서 유통 산업은 소비자에게 더 편리하고 스마트한 쇼핑 환경을 제공하며 미래 경제의 중요한 축으로 계속 성장하게 될 것이다.

22. 엔지니어의 AI 혁명

AI 설계와 시뮬레이션 기술은 복잡한
기술 문제를 빠르게 분석하고 최적의
해결책을 찾도록 돕고 있다.

　현대 사회에서 기술 발전을 이끌어 가는 중심에는 엔지니어가 있다. 엔지니어는 기계, 전자, 소프트웨어, 에너지, 건설 등 다양한 분야에서 새로운 기술을 개발하고 시스템을 설계하며 산업의 발전을 이끄는 역할을 수행한다. 인류의 생활을 편리하게 만드는 수많은 기술과 장치 뒤에는 항상 엔지니어의 노력과 창의적인 사고가 존재해 왔다. 그러나 최근 인공지능(AI) 기술의 발전은 공학 분야에도 새로운 변화를 가져오고 있으며, 이러한 변화는 '엔지니어의 AI 혁명'이라고 불릴 만큼 기술 개발의

방식 자체를 바꾸고 있다.

AI는 엔지니어링 설계 과정에서 중요한 도구로 활용되고 있다. 과거에는 제품이나 시스템을 설계할 때 다양한 계산과 실험을 반복해야 했지만, AI는 방대한 데이터를 분석하여 최적의 설계 방안을 제시할 수 있다. 예를 들어 자동차나 항공기 부품을 설계할 때 AI는 구조 강도, 무게, 에너지 효율 등을 동시에 고려하여 가장 효율적인 설계안을 찾아낼 수 있다. 이러한 기술은 제품 개발 시간을 단축시키고 보다 혁신적인 설계를 가능하게 한다.

또한 AI는 연구 개발 과정에서도 중요한 역할을 하고 있다. 엔지니어는 새로운 기술을 개발하기 위해 많은 실험과 데이터를 분석해야 하는데, AI는 실험 데이터를 빠르게 분석하고 최적의 실험 조건을 제안할 수 있다. 이를 통해 연구 개발 속도가 빨라지고 기술 혁신의 가능성도 더욱 확대되고 있다.

산업 현장에서도 AI 기술은 엔지니어의 업무를 변화시키고 있다. 공장에서는 AI 기반 스마트 공장이 도입되어 생산 공정을 자동으로 관리하고 장비 상태를 분석하여 고장을 미리 예측하는 시스템이 운영되고 있다. 이러한 기술은 생산 효율을 높이고 산업 현장의 안전성을 강화하는 데 중요한 역할을 한다.

그러나 기술 개발의 본질은 단순한 계산과 데이터 분석만으로 이루어지지 않는다. 새로운 기술을 상상하고 문제를 해결하는 창의적인 사고는 인간 엔지니어의 중요한 능력이다. 또한 기술이 사회에 어떤 영향을 미칠지 고민하고 책임 있는 기술 개발을 추진하는 일 역시 인간의 역할이다. AI는 데이터를 분석하고 설계를 지원할 수 있지만, 기술의 방향과 의미를 결정하는 것은 결국 인간 엔지니어의 몫이다.

따라서 엔지니어의 AI 혁명은 엔지니어를 대체하는 변화가 아니라 엔지니어의 능력을 확장하는 변화라고 할 수 있다. AI는 복잡한 계산과 데이터 분석을 담당하고, 엔지니어는 창의적인 설계와 기술 혁신을 이끄는 역할을 수행하게 된다. 앞으로의 엔지니어는 공학 지식뿐만 아니라 AI 기술과 데이터 분석 능력을 함께 갖춘 새로운 형태의 기술 전문가로 발전하게 될 것이다. 이러한 변화 속에서 엔지니어는 기술과 인간의 미래를 연결하며 더 나은 세상을 만들어 가는 중요한 역할을 계속해서 수행하게 될 것이다.

23. 프로그래머의 AI 혁명

AI 코딩 도구와 자동 코드 생성 기술
은 프로그램 개발 속도를 높이고 오류
를 줄이는 데 도움을 준다.

　디지털 시대를 움직이는 핵심 직업 가운데 하나가 바로 프로
그래머이다. 프로그래머는 컴퓨터 프로그램을 설계하고 개발하
여 다양한 소프트웨어와 시스템을 만들어 내는 기술 전문가이
다. 우리가 사용하는 스마트폰 애플리케이션, 인터넷 서비스,
게임, 인공지능 시스템 등 대부분의 디지털 기술은 프로그래머
의 손을 통해 탄생한다. 오랫동안 프로그래밍은 복잡한 코드 작
성과 논리적인 문제 해결 능력이 필요한 전문 분야로 인식되어
왔다. 그러나 최근 인공지능(AI) 기술의 발전은 소프트웨어 개

발 방식에도 큰 변화를 가져오고 있으며, 이러한 변화는 '프로그래머의 AI 혁명'이라고 불릴 만큼 새로운 시대를 만들어 가고 있다.

AI는 소프트웨어 개발 과정에서 다양한 방식으로 활용되고 있다. 대표적인 기술이 바로 AI 기반 코드 생성 시스템이다. 이러한 시스템은 개발자가 작성하려는 기능을 설명하면 자동으로 코드의 일부를 생성해 주거나 오류를 수정하는 데 도움을 준다. 이를 통해 개발자는 반복적인 코딩 작업을 줄이고 더 중요한 설계와 문제 해결에 집중할 수 있게 된다. 실제로 많은 개발 환경에서는 AI가 코드 자동 완성, 오류 탐지, 코드 최적화 등을 지원하는 기능을 제공하고 있다.

또한 AI는 프로그램 테스트와 유지 관리 과정에서도 중요한 역할을 한다. 소프트웨어 개발에서 오류를 찾고 수정하는 과정은 많은 시간이 필요한 작업이다. AI는 프로그램의 실행 데이터를 분석하여 잠재적인 오류를 발견하거나 성능 개선이 필요한 부분을 제안할 수 있다. 이러한 기술은 소프트웨어 품질을 높이고 개발 속도를 향상시키는 데 큰 도움을 준다.

데이터 분석과 시스템 설계 분야에서도 AI 기술은 중요한 도구로 활용되고 있다. 대규모 데이터 처리 시스템이나 복잡한 네트워크 구조를 설계할 때 AI는 다양한 시뮬레이션을 통해 최적의 구조를 제시할 수 있다. 이를 통해 프로그래머는 보다 안정적이고 효율적인 시스템을 구축할 수 있게 된다.

그러나 프로그래밍의 본질은 단순한 코드 작성에만 있는 것이 아니다. 새로운 서비스를 기획하고 사용자 경험을 설계하며 복잡한 문제를 창의적으로 해결하는 과정은 인간 프로그래머의 사고와 판단이 필요한 영역이다. AI는 코드 작성을 도와줄 수 있지만, 어떤 문제를 해결할지 결정하고 전체 시스템의 구조를 설계하는 일은 여전히 인간 개발자의 역할이다.

따라서 프로그래머의 AI 혁명은 프로그래머를 대체하는 변화가 아니라 프로그래머의 능력을 확장하는 변화라고 할 수 있다. AI는 반복적인 코딩 작업과 데이터 분석을 지원하고, 프로그래머는 창의적인 설계와 서비스 혁신을 이끄는 역할을 맡게 된다. 앞으로의 프로그래머는 프로그래밍 기술뿐만 아니라 AI 도구를 활용하여 더 빠르고 효율적인 개발을 수행하는 새로운 형태의 기술 전문가로 발전하게 될 것이다. 이러한 변화 속에서 프로그래머는 인공지능과 협력하며 미래의 디지털 세상을 만들어 가는 중요한 주역이 될 것이다.

24. 상담사의 AI 혁명

**AI 상담 분석 시스템은 대화 데이터를
분석해 내담자의 감정과 문제의 패턴
을 이해하는 데 도움을 준다.**

　현대 사회에서 사람들은 다양한 심리적 고민과 삶의 문제를
경험한다. 이러한 문제를 이해하고 해결할 수 있도록 돕는 전문
직업이 바로 상담사이다. 상담사는 개인의 정서적 어려움, 인간
관계 문제, 진로 고민, 가족 갈등 등 다양한 삶의 문제를 함께
나누며 해결의 방향을 찾도록 돕는 역할을 한다. 오랫동안 상담
은 상담사와 내담자가 직접 만나 대화를 통해 마음을 이해하고
치유하는 과정으로 이루어져 왔다. 그러나 최근 인공지능(AI)
기술의 발전은 상담 분야에도 새로운 변화를 가져오고 있으며,

이러한 변화는 '상담사의 AI 혁명'이라고 할 수 있을 만큼 상담 환경을 새롭게 바꾸고 있다.

AI는 상담 분야에서 다양한 방식으로 활용되고 있다. 대표적인 사례가 AI 상담 챗봇이다. AI 기반 상담 시스템은 사용자가 입력한 감정 표현이나 고민 내용을 분석하여 공감적인 대화를 제공하고 기본적인 심리 상담 정보를 안내할 수 있다. 이러한 시스템은 시간과 장소의 제한 없이 언제든지 상담 서비스를 이용할 수 있도록 해 주며, 상담을 처음 시도하는 사람들에게 심리적 부담을 줄여 주는 역할을 한다.

또한 AI는 심리 데이터 분석에서도 중요한 역할을 한다. 상담 과정에서 기록된 상담 내용이나 감정 변화 데이터를 분석하여 내담자의 심리 상태를 보다 체계적으로 이해할 수 있도록 돕는다. 예를 들어 AI는 상담 기록을 분석하여 특정 감정 패턴이나 반복되는 문제를 발견하고 상담사가 상담 방향을 설정하는 데 참고할 수 있는 정보를 제공할 수 있다.

정신 건강 관리 분야에서도 AI 기술은 점점 확대되고 있다. 스마트폰 앱이나 웨어러블 기기를 통해 수집된 수면 패턴, 스트레스 지수, 활동량 등의 데이터를 분석하여 개인의 정신 건강 상태를 파악하고 필요한 심리 관리 방법을 제안하는 서비스도 등장하고 있다. 이러한 기술은 예방적인 정신 건강 관리에도 도움을 줄 수 있다.

그러나 상담의 핵심은 단순한 정보 제공을 넘어 인간적인 공감과 관계 형성에 있다. 내담자의 마음을 깊이 이해하고 신뢰 관계를 형성하며, 그 사람의 삶의 맥락을 함께 바라보는 과정은 인간 상담사의 중요한 역할이다. 상담 과정에서 나타나는 미묘한 감정 변화와 비언어적 표현을 이해하는 능력 또한 인간 상담사에게 중요한 전문성이다. AI는 데이터를 분석하고 대화를 지원할 수 있지만, 진정한 공감과 치유의 관계를 형성하는 일은 인간 상담사가 수행하는 영역이다.

따라서 상담사의 AI 혁명은 상담사를 대체하는 변화가 아니라 상담사의 역할을 더욱 확장시키는 변화라고 할 수 있다. AI는 상담 데이터를 분석하고 초기 상담 지원 역할을 담당하며, 상담사는 인간 중심의 깊은 상담과 치유 과정을 이끌어 가는 역할을 수행하게 된다. 앞으로의 상담사는 심리학적 전문성과 함께 AI 기술을 이해하고 활용하는 새로운 형태의 전문가로 발전하게 될 것이다. 이러한 변화 속에서 상담사는 기술과 인간의 마음을 연결하며 더욱 효과적인 심리 지원을 제공하는 중요한 역할을 계속 수행하게 될 것이다.

25. 심리학자의 AI 혁명

AI 행동 분석과 감정 인식 기술은 인
간의 심리 패턴을 데이터 기반으로 더
깊이 이해하도록 돕고 있다.

인간의 마음과 행동을 연구하는 학문이 바로 심리학이다. 그
리고 이러한 연구를 통해 인간의 사고와 감정을 이해하고 삶의
문제를 해결하려는 전문가가 심리학자이다. 심리학자는 인간의
정서, 인지, 행동, 성격, 인간관계 등 다양한 영역을 연구하며
개인과 사회의 정신 건강을 이해하는 데 중요한 역할을 한다.
오랫동안 심리학 연구는 설문 조사, 관찰 연구, 실험 연구 등을
통해 인간의 행동을 분석하는 방식으로 이루어져 왔다. 그러나
최근 인공지능(AI) 기술의 발전은 심리학 연구 방식에도 새로운

변화를 가져오고 있으며, 이러한 변화는 '심리학자의 AI 혁명'이라고 불릴 만큼 학문의 영역을 넓히고 있다.

AI는 방대한 심리 데이터를 분석하는 데 매우 중요한 도구로 활용되고 있다. 현대 사회에서는 스마트폰 사용 기록, 온라인 활동, SNS 게시물 등 다양한 형태의 행동 데이터가 축적되고 있다. AI는 이러한 데이터를 분석하여 인간의 감정 상태나 행동 패턴을 파악하는 데 도움을 줄 수 있다. 예를 들어 AI는 사람들의 언어 표현이나 글의 내용을 분석하여 스트레스 수준이나 우울감을 예측하는 연구에도 활용되고 있다.

또한 AI는 심리 실험과 연구 설계에서도 새로운 가능성을 열어 주고 있다. 과거에는 제한된 인원을 대상으로 실험을 진행해야 했지만, 온라인 플랫폼과 AI 분석 기술을 활용하면 훨씬 더 많은 데이터를 수집하고 분석할 수 있다. 이러한 연구 방식은 인간 행동에 대한 보다 정교한 분석을 가능하게 하며 심리학 연구의 범위를 확장시키고 있다.

정신 건강 분야에서도 AI의 활용이 확대되고 있다. AI 기반 정신 건강 관리 프로그램은 개인의 감정 변화와 행동 패턴을 분석하여 심리 상태를 파악하고 필요한 심리 관리 방법을 제안할 수 있다. 또한 상담 기록이나 치료 데이터를 분석하여 보다 효과적인 치료 방법을 연구하는 데에도 AI 기술이 활용되고 있다.

그러나 인간의 마음은 단순한 데이터나 통계만으로 완전히 이해할 수 있는 대상은 아니다. 인간의 감정과 경험은 매우 복잡하며 개인의 삶의 맥락과 문화적 환경 속에서 형성된다. 이러한 깊은 의미를 해석하고 인간 행동의 본질을 이해하는 일은 심리학자의 통찰과 연구 철학이 필요한 영역이다. AI는 데이터를 분석하고 패턴을 발견하는 데 뛰어나지만, 인간 마음의 의미를 해석하는 일은 여전히 인간 연구자의 역할이다.

따라서 심리학자의 AI 혁명은 심리학자를 대체하는 변화가 아니라 심리학 연구의 가능성을 확장하는 변화라고 할 수 있다. AI는 방대한 데이터를 분석하고 연구를 지원하는 도구로 활용되며, 심리학자는 인간 행동의 의미와 구조를 깊이 이해하는 연구를 수행하게 된다. 앞으로의 심리학자는 심리학 이론뿐만 아니라 AI와 데이터 분석 기술을 함께 활용하는 새로운 형태의 연구자로 발전하게 될 것이다. 이러한 변화 속에서 심리학자는 기술과 인간의 마음을 연결하며 인간 이해의 새로운 지평을 열어가는 중요한 역할을 계속 수행하게 될 것이다.

26. 스포츠 선수의 AI 혁명

**AI 운동 분석과 데이터 기술은 선수의
움직임과 경기 데이터를 분석해 훈련
효율과 경기 전략을 향상시키고 있다.**

스포츠는 인간의 신체 능력과 정신력을 시험하는 활동이며, 그 중심에는 스포츠 선수가 있다. 스포츠 선수는 오랜 시간 훈련을 통해 자신의 기술과 체력을 발전시키며 경기에서 최고의 성과를 이루기 위해 노력한다. 경기장에서 펼쳐지는 선수들의 움직임과 전략, 그리고 승부를 향한 집중력은 많은 사람들에게 감동과 즐거움을 선사한다. 오랫동안 스포츠 성과는 선수의 노력과 코치의 지도, 그리고 경험에 의해 향상되어 왔다. 그러나 최근 인공지능(AI) 기술의 발전은 스포츠 훈련과 경기 분석에도

큰 변화를 가져오고 있으며, 이러한 변화는 '스포츠 선수의 AI 혁명'이라고 불릴 만큼 스포츠 환경을 새롭게 바꾸고 있다.

AI는 스포츠 데이터 분석에서 중요한 역할을 하고 있다. 현대 스포츠에서는 선수의 움직임, 속도, 심박수, 경기 기록 등 다양한 데이터가 수집되는데, AI는 이러한 데이터를 분석하여 선수의 경기력을 객관적으로 평가할 수 있다. 예를 들어 축구나 농구 경기에서는 선수의 이동 경로와 패스 성공률, 슈팅 위치 등을 분석하여 경기 전략을 개선하는 데 활용된다. 이러한 분석은 선수와 코치가 경기력을 더욱 체계적으로 향상시키는 데 도움을 준다.

또한 AI는 선수의 훈련 과정에서도 활용되고 있다. 웨어러블 기기와 센서를 통해 선수의 운동량과 체력 상태를 분석하고, AI가 최적의 훈련 프로그램을 제시하는 방식이다. 이를 통해 선수는 자신의 체력 상태에 맞는 훈련을 수행할 수 있으며, 과도한 훈련으로 인한 부상을 예방하는 데에도 도움을 받을 수 있다. 특히 프로 스포츠에서는 이러한 기술이 선수 관리의 중요한 도구로 사용되고 있다.

경기 전략 수립에서도 AI 기술은 중요한 역할을 한다. AI는 상대 팀의 경기 데이터를 분석하여 상대 선수의 습관이나 전략을 파악하고 경기에서 활용할 수 있는 전략을 제시한다. 이러한 분석은 경기 준비 과정에서 중요한 참고 자료가 되며 팀의 경기력을 높이는 데 도움을 준다.

그러나 스포츠의 본질은 단순한 데이터 분석만으로 이루어지지 않는다. 경기 순간의 판단력, 승부에 대한 의지, 팀원과의 협력, 그리고 압박 상황에서 발휘되는 집중력은 선수의 경험과 정신력에서 비롯되는 요소이다. AI는 데이터를 분석하고 훈련을 지원할 수 있지만, 경기장에서 순간적인 결정을 내리고 자신의 한계를 넘어서는 플레이를 만들어 내는 것은 선수의 의지와 노력에서 비롯된다.

　따라서 스포츠 선수의 AI 혁명은 선수를 대체하는 변화가 아니라 선수의 능력을 더욱 발전시키는 변화라고 할 수 있다. AI는 데이터 분석과 훈련 지원을 담당하고, 선수는 자신의 기술과 정신력을 통해 최고의 경기력을 만들어 낸다. 앞으로의 스포츠 선수는 자신의 신체 능력뿐만 아니라 AI 기술을 활용하여 경기력을 분석하고 발전시키는 새로운 형태의 선수로 성장하게 될 것이다. 이러한 변화 속에서 스포츠는 기술과 인간의 열정이 결합된 새로운 스포츠 문화로 발전하게 될 것이다.

27. 스포츠 감독의 AI 혁명

AI 경기 분석 시스템은 선수들의 움직임과 경기 데이터를 분석해 전략 수립을 더욱 정교하게 만든다.

　스포츠 경기에서 팀의 방향을 결정하고 선수들을 이끄는 중심 인물이 바로 스포츠 감독이다. 감독은 선수들의 능력을 분석하고 전략을 세우며, 경기 상황에 따라 적절한 전술을 선택하는 중요한 역할을 수행한다. 또한 선수들의 컨디션을 관리하고 팀워크를 이끌어 내는 리더이기도 하다. 오랫동안 감독의 지도력은 경험과 직관, 그리고 오랜 경기 분석을 통해 형성되어 왔다. 그러나 최근 인공지능(AI) 기술의 발전은 스포츠 전략과 선수 관리 방식에도 큰 변화를 가져오고 있으며, 이러한 변화는 '스

포츠 감독의 AI 혁명'이라고 불릴 만큼 스포츠 지도 환경을 새
롭게 바꾸고 있다.

AI는 스포츠 경기 데이터를 분석하는 강력한 도구로 활용되
고 있다. 현대 스포츠에서는 선수들의 움직임, 패스 경로, 슈팅
위치, 체력 상태 등 다양한 데이터가 수집되는데, AI는 이러한
데이터를 종합적으로 분석하여 경기 전략을 세우는 데 도움을
준다. 예를 들어 축구나 농구와 같은 팀 스포츠에서는 선수들의
이동 패턴과 경기 흐름을 분석하여 상대 팀의 약점을 찾고 효과
적인 공격 전략을 설계할 수 있다.

또한 AI는 선수 관리에도 중요한 역할을 한다. 웨어러블 장비
와 센서를 통해 선수들의 심박수, 체력 소모, 근육 상태 등을 실
시간으로 분석할 수 있으며, AI는 이러한 데이터를 바탕으로
선수들의 컨디션을 평가하고 적절한 훈련 강도를 제안한다. 이
를 통해 감독은 선수들의 부상 위험을 줄이고 경기력을 최적의
상태로 유지할 수 있도록 관리할 수 있다.

경기 준비 과정에서도 AI는 중요한 도구로 활용된다. AI는
상대 팀의 과거 경기 데이터를 분석하여 상대 선수의 플레이 스
타일과 전략을 파악하고 경기에서 활용할 수 있는 다양한 전술
을 제안한다. 이러한 정보는 감독이 보다 체계적으로 경기 전략
을 준비하는 데 큰 도움을 준다.

그러나 스포츠 지도에서 가장 중요한 요소는 단순한 데이터

분석만이 아니다. 선수들의 심리 상태를 이해하고 팀의 분위기를 이끌어 가는 리더십은 감독의 중요한 역할이다. 경기에서 패배한 선수들을 격려하고, 긴장된 상황에서 팀의 사기를 높이는 일은 인간 감독의 경험과 통찰에서 비롯된다. 또한 경기 중 순간적으로 변화하는 상황에 맞추어 전략을 수정하는 판단력 역시 감독의 중요한 능력이다.

따라서 스포츠 감독의 AI 혁명은 감독을 대신하는 변화가 아니라 감독의 지도 능력을 확장시키는 변화라고 할 수 있다. AI는 방대한 경기 데이터를 분석하고 전략 수립을 지원하는 역할을 하며, 감독은 선수들을 이끌고 경기의 흐름을 판단하는 리더로서의 역할을 수행하게 된다. 앞으로의 스포츠 감독은 전통적인 지도 경험과 함께 AI 기반 데이터 분석을 활용하는 새로운 형태의 지도자로 발전하게 될 것이다. 이러한 변화 속에서 스포츠 감독은 기술과 인간의 리더십을 결합하여 더욱 발전된 스포츠 문화를 만들어 가는 중요한 역할을 계속 수행하게 될 것이다.

28. 영화 제작자의 AI 혁명

AI 영상 제작 기술과 시나리오 분석
시스템은 영화 제작 과정의 기획, 촬
영, 편집을 더욱 효율적으로 변화시키
고 있다.

영화는 인간의 상상력과 기술이 결합된 대표적인 예술 산업이다. 그 중심에서 영화의 기획부터 제작, 완성까지 전체 과정을 총괄하는 사람이 바로 영화 제작자이다. 영화 제작자는 이야기의 방향을 정하고 감독과 배우, 스태프를 구성하며 제작 예산과 일정 등을 관리하는 중요한 역할을 수행한다. 오랫동안 영화 제작은 창의적인 아이디어와 인간의 협업, 그리고 다양한 제작기술에 의해 이루어져 왔다. 그러나 최근 인공지능(AI) 기술의 발전은 영화 산업에도 새로운 변화를 가져오고 있으며, 이러한

변화는 '영화 제작자의 AI 혁명'이라고 불릴 만큼 제작 환경을 빠르게 변화시키고 있다.

AI는 영화 기획 단계에서부터 활용되기 시작하고 있다. 영화 제작자는 어떤 이야기가 관객에게 흥미를 줄 수 있는지 고민하며 작품을 기획하는데, AI는 과거 영화 데이터와 관객 반응 데이터를 분석하여 어떤 장르와 스토리가 높은 흥행 가능성을 지니는지 분석할 수 있다. 이를 통해 제작자는 보다 체계적인 시장 분석을 바탕으로 영화 프로젝트를 기획할 수 있게 된다.

또한 AI는 영화 제작 과정에서도 중요한 역할을 한다. 영상 편집, 특수 효과 제작, 색 보정과 같은 후반 작업에서 AI 기술은 작업 속도를 크게 높이고 있다. 예를 들어 AI 기반 영상 편집 기술은 장면을 자동으로 분류하고 편집 후보를 제안하여 제작 시간을 단축시킬 수 있다. 또한 컴퓨터 그래픽(CG)과 시각 효과 분야에서도 AI는 보다 현실감 있는 장면을 만드는 데 활용되고 있다.

캐스팅과 마케팅 전략에서도 AI의 활용이 확대되고 있다. AI는 배우의 출연 이력과 관객 반응 데이터를 분석하여 특정 영화 프로젝트에 적합한 배우를 제안할 수 있으며, 영화 홍보 과정에서도 관객의 관심 패턴을 분석하여 효과적인 마케팅 전략을 설계하는 데 도움을 준다. 이러한 기술은 영화 제작의 효율성을 높이고 관객과의 소통을 강화하는 역할을 한다.

그러나 영화 제작의 핵심은 단순한 데이터 분석이나 기술만으로 완성되지 않는다. 영화는 인간의 감정과 이야기를 담아내는 예술이기 때문이다. 관객의 마음을 움직이는 이야기와 캐릭터를 만들어 내는 일은 제작자의 창의성과 문화적 통찰이 필요한 영역이다. AI는 데이터를 분석하고 제작 과정을 지원할 수 있지만, 영화의 예술적 방향과 감동을 결정하는 것은 인간 제작자의 역할이다.

따라서 영화 제작자의 AI 혁명은 제작자를 대체하는 변화가 아니라 제작자의 창의력을 확장하는 변화라고 할 수 있다. AI는 제작 과정의 효율성을 높이고 다양한 데이터를 제공하는 도구로 활용되며, 제작자는 이야기와 감동을 만들어 내는 창조적인 역할을 수행하게 된다. 앞으로의 영화 제작자는 예술적 감각과 함께 AI 기술을 이해하고 활용하는 새로운 형태의 콘텐츠 제작자로 발전하게 될 것이다. 이러한 변화 속에서 영화 제작자는 기술과 예술을 결합하여 더욱 풍부한 영화 문화를 만들어 가는 중요한 역할을 계속 수행하게 될 것이다.

29. 음악가의 AI 혁명

AI 작곡 기술과 음악 분석 시스템은
새로운 멜로디와 다양한 음악 스타일
을 창작하는 데 도움을 주고 있다.

음악은 인간의 감정과 이야기를 소리로 표현하는 예술이다. 그 중심에는 음악을 만들고 연주하는 음악가가 있다. 음악가는 멜로디와 화음을 창조하고, 악기를 연주하며, 노래를 통해 사람들에게 감동과 즐거움을 전달한다. 오랫동안 음악 창작은 음악가의 감각과 경험, 그리고 예술적 영감에 의해 이루어져 왔다. 그러나 최근 인공지능(AI) 기술의 발전은 음악 창작과 제작 방식에도 새로운 변화를 가져오고 있으며, 이러한 변화는 '음악가의 AI 혁명'이라고 불릴 만큼 음악 산업 전반에 영향을 미치

고 있다.

AI는 음악 창작 과정에서 새로운 도구로 활용되고 있다. AI 기반 음악 생성 기술은 다양한 음악 데이터를 분석하여 새로운 멜로디나 화음을 만들어 낼 수 있다. 음악가는 이러한 기술을 활용하여 새로운 아이디어를 얻거나 작곡 과정에서 참고할 수 있는 다양한 음악적 패턴을 발견할 수 있다. 예를 들어 특정 장르나 분위기를 입력하면 AI가 이에 맞는 멜로디나 반주를 생성해 주는 시스템도 등장하고 있다.

또한 AI는 음악 제작 과정에서도 중요한 역할을 하고 있다. 녹음된 음악의 음질을 자동으로 조정하거나 다양한 악기 소리를 분석하여 최적의 사운드를 만들어 내는 작업에 AI 기술이 활용되고 있다. 이러한 기술은 음악 제작 시간을 단축시키고 보다 완성도 높은 음향을 만들어 내는 데 도움을 준다. 특히 디지털 음악 제작 환경에서는 AI 기반 편집 도구가 음악가의 작업을 효율적으로 지원하고 있다.

음악 추천 서비스에서도 AI 기술은 중요한 역할을 한다. 스트리밍 플랫폼에서는 AI가 사용자의 청취 기록과 선호도를 분석하여 개인에게 맞는 음악을 추천한다. 이를 통해 음악가의 작품이 새로운 청중에게 더 쉽게 전달될 수 있는 환경이 만들어지고 있다. 이러한 기술은 음악 산업의 유통 방식에도 큰 변화를 가져왔다.

그러나 음악의 본질은 단순한 음의 조합이나 데이터 분석만으로 설명될 수 없다. 음악은 인간의 감정과 경험에서 비롯되는 예술이며, 한 곡의 음악에는 창작자의 삶과 생각이 담겨 있다. 관객에게 깊은 감동을 주는 음악은 음악가의 감정과 해석이 담긴 연주와 표현에서 탄생한다. AI는 멜로디를 생성하고 음악 제작을 도울 수 있지만, 음악에 생명력을 불어넣는 예술적 감성은 인간 음악가의 영역이다.

따라서 음악가의 AI 혁명은 음악가를 대체하는 변화가 아니라 음악 창작의 가능성을 확장하는 변화라고 할 수 있다. AI는 새로운 아이디어와 제작 도구를 제공하고, 음악가는 자신의 감성과 창의력을 통해 음악을 완성한다. 앞으로의 음악가는 전통적인 음악적 재능뿐만 아니라 AI 기술을 활용하여 새로운 음악적 표현을 만들어 내는 창작자로 발전하게 될 것이다. 이러한 변화 속에서 음악가는 기술과 예술을 결합하여 더욱 다양하고 풍부한 음악 세계를 만들어 가는 중요한 역할을 계속 수행하게 될 것이다.

30. 번역가의 AI 혁명

AI 번역 시스템은 다양한 언어의 문장
을 빠르게 해석하고 번역의 속도와 효
율성을 크게 높이고 있다.

언어는 서로 다른 문화와 사람들을 연결하는 중요한 도구이
다. 그리고 이러한 언어의 장벽을 넘어 서로의 생각과 정보를
전달하는 역할을 하는 사람이 바로 번역가이다. 번역가는 문학
작품, 학술 자료, 영화 자막, 국제 문서 등 다양한 콘텐츠를 다
른 언어로 옮기며 세계의 소통을 돕는 중요한 역할을 수행한다.
오랫동안 번역 작업은 언어에 대한 깊은 이해와 문화적 배경 지
식을 바탕으로 이루어져 왔다. 그러나 최근 인공지능(AI) 기술
의 발전은 번역 환경에도 큰 변화를 가져오고 있으며, 이러한

변화는 '번역가의 AI 혁명'이라고 불릴 만큼 빠르게 확산되고 있다.

AI는 번역 분야에서 강력한 도구로 활용되고 있다. 특히 AI 기반 기계 번역 시스템은 방대한 언어 데이터를 학습하여 문장을 빠르게 번역할 수 있는 능력을 갖추고 있다. 과거에는 간단한 단어나 문장을 번역하는 수준에 머물렀지만, 최근에는 문맥을 이해하고 자연스러운 문장을 생성하는 수준까지 발전하고 있다. 이러한 기술은 국제 비즈니스나 온라인 콘텐츠 환경에서 빠른 정보 전달을 가능하게 한다.

또한 AI는 번역가의 작업 효율성을 높이는 데에도 큰 도움을 준다. 번역가는 AI 번역 결과를 바탕으로 문장을 수정하고 다듬는 방식으로 작업 시간을 단축할 수 있다. 특히 반복적인 문장이나 기술 문서와 같은 분야에서는 AI 번역 도구가 번역 과정의 중요한 보조 도구로 활용되고 있다. 이를 통해 번역가는 보다 복잡한 문장이나 창의적인 번역 작업에 집중할 수 있게 된다.

AI는 다국어 콘텐츠 관리에도 활용되고 있다. 글로벌 기업이나 국제 기관에서는 다양한 언어로 정보를 전달해야 하는 경우가 많은데, AI 번역 시스템은 여러 언어로 빠르게 콘텐츠를 변환하는 역할을 한다. 이러한 기술은 국제 커뮤니케이션 환경을 더욱 효율적으로 만들어 주고 있다.

그러나 번역의 본질은 단순히 단어를 다른 언어로 바꾸는 것에 그치지 않는다. 언어에는 그 사회의 문화와 역사, 감정이 담겨 있기 때문에 문장의 의미를 정확하게 전달하기 위해서는 깊은 문화적 이해가 필요하다. 특히 문학 작품이나 영화 자막과 같은 분야에서는 원문의 분위기와 감정을 살리는 번역이 중요하다. 이러한 섬세한 표현과 문화적 해석은 인간 번역가의 경험과 감각이 필요한 영역이다.

따라서 번역가의 AI 혁명은 번역가를 대체하는 변화가 아니라 번역가의 능력을 확장하는 변화라고 할 수 있다. AI는 빠른 번역과 데이터 분석을 담당하고, 번역가는 문장의 의미와 문화적 맥락을 이해하여 자연스러운 번역을 완성하는 역할을 수행하게 된다. 앞으로의 번역가는 언어 능력뿐만 아니라 AI 번역 도구를 활용하는 능력을 갖춘 새로운 형태의 언어 전문가로 발전하게 될 것이다. 이러한 변화 속에서 번역가는 기술과 문화 사이를 연결하며 세계의 소통을 더욱 풍부하게 만드는 중요한 역할을 계속 수행하게 될 것이다.

31. 관광 산업의 AI 혁명

**AI 여행 추천 시스템과 데이터 분석
기술은 여행객의 취향과 일정에 맞는
맞춤형 관광 서비스를 제공하고 있다.**

관광 산업은 사람들에게 새로운 장소와 문화를 경험하게 하며 삶에 특별한 기억을 만들어 주는 산업이다. 여행을 계획하고 이동하며 다양한 지역의 문화와 자연을 체험하는 과정은 많은 사람들에게 큰 즐거움과 휴식을 제공한다. 이러한 여행 경험을 가능하게 하는 분야가 바로 관광 산업이다. 관광 산업에는 여행 기획자, 관광 가이드, 호텔 종사자, 항공 서비스 종사자 등 다양한 직업이 포함되어 있으며 이들은 여행객이 보다 편안하고 즐거운 여행을 할 수 있도록 돕는 역할을 한다. 그러나 최근 인공

지능(AI) 기술의 발전은 관광 산업에도 새로운 변화를 가져오고 있으며, 이러한 변화는 '관광 산업의 AI 혁명'이라고 불릴 만큼 빠르게 확산되고 있다.

AI는 여행 계획 단계에서부터 관광 산업의 변화를 이끌고 있다. 과거에는 여행사가 일정과 관광 코스를 제안하는 방식이 일반적이었지만, 이제는 AI 기반 여행 추천 시스템이 여행자의 관심사와 여행 기록을 분석하여 맞춤형 여행 계획을 제시할 수 있다. 여행자가 선호하는 음식, 문화, 자연 경관 등의 정보를 바탕으로 개인에게 가장 적합한 여행 코스를 추천해 주는 것이다. 이러한 기술은 여행 준비 과정을 훨씬 편리하게 만들어 주고 있다.

또한 AI는 관광 서비스 제공 과정에서도 중요한 역할을 한다. 호텔에서는 AI 기반 예약 시스템과 고객 관리 시스템을 통해 고객의 선호도를 분석하고 맞춤형 서비스를 제공할 수 있다. 예를 들어 고객이 이전에 이용했던 객실 유형이나 서비스 기록을 분석하여 더욱 만족도 높은 숙박 경험을 제공할 수 있다. 관광지에서도 AI 안내 시스템이나 스마트 관광 안내 서비스가 도입되어 관광객이 필요한 정보를 쉽게 얻을 수 있도록 돕고 있다.

언어 장벽을 줄이는 데에도 AI 기술은 중요한 역할을 한다. AI 기반 음성 번역 시스템은 서로 다른 언어를 사용하는 관광객과 현지인 사이의 소통을 돕고, 관광객이 보다 편안하게 여행을 즐길 수 있도록 지원한다. 이러한 기술은 국제 관광의 활성화에도 긍정적인 영향을 주고 있다.

그러나 관광의 본질은 단순한 정보 제공이나 기술 서비스만으로 완성되지 않는다. 여행에서 중요한 것은 새로운 문화와 사람을 직접 경험하고 그 속에서 감동과 기억을 만드는 일이다. 관광 가이드가 전해 주는 이야기, 현지 사람들과의 따뜻한 교류, 여행지의 분위기를 직접 느끼는 경험은 기술만으로는 완전히 대체될 수 없다. 인간 관광 전문가의 경험과 친절한 서비스는 여행의 가치를 더욱 풍부하게 만들어 준다.

따라서 관광 산업의 AI 혁명은 관광 종사자를 대체하는 변화가 아니라 관광 산업을 더욱 스마트하고 효율적으로 발전시키는 변화라고 할 수 있다. AI는 여행 정보 분석과 서비스 운영을 지원하고, 관광 전문가들은 여행의 감동과 경험을 제공하는 역할을 수행하게 된다. 앞으로의 관광 산업은 기술과 인간의 서비스가 결합된 새로운 형태로 발전하게 될 것이다. 이러한 변화 속에서 관광 산업은 더욱 편리하고 풍부한 여행 경험을 제공하며 세계 문화 교류의 중요한 역할을 계속 이어 나가게 될 것이다.

32. 호텔 산업의 AI 혁명

AI 예약 관리 시스템과 스마트 서비스 기술은 고객의 취향과 이용 패턴을 분석해 더 편리한 숙박 경험을 제공한다.

호텔 산업은 여행객과 방문객에게 편안한 휴식과 서비스를 제공하는 대표적인 서비스 산업이다. 호텔은 단순한 숙박 공간을 넘어 여행의 경험을 풍부하게 만들어 주는 중요한 공간이기도 하다. 호텔 종사자들은 객실 관리, 고객 응대, 식음료 서비스, 시설 운영 등 다양한 업무를 통해 고객이 편안하고 만족스러운 시간을 보낼 수 있도록 돕는다. 오랫동안 호텔 서비스는 사람의 친절과 세심한 서비스가 중심이 되는 산업이었다. 그러나 최근 인공지능(AI) 기술의 발전은 호텔 산업에도 큰 변화를

가져오고 있으며, 이러한 변화는 '호텔 산업의 AI 혁명'이라고 불릴 만큼 서비스 방식과 운영 구조를 새롭게 바꾸고 있다.

AI는 호텔 운영의 효율성을 높이는 데 중요한 역할을 하고 있다. 대표적인 예가 AI 기반 예약 시스템이다. 호텔은 다양한 예약 채널을 통해 고객을 맞이하는데, AI는 고객의 예약 패턴과 수요 데이터를 분석하여 객실 가격을 조정하고 최적의 예약 전략을 세울 수 있도록 돕는다. 이를 통해 호텔은 객실 이용률을 높이고 보다 효율적인 운영을 할 수 있게 된다.

또한 AI는 고객 서비스 분야에서도 활발하게 활용되고 있다. 호텔에서는 AI 챗봇이나 스마트 안내 시스템을 통해 고객의 문의에 빠르게 응답할 수 있다. 객실 이용 안내, 시설 정보, 주변 관광지 추천 등 다양한 정보를 AI가 제공함으로써 고객은 보다 편리하게 호텔 서비스를 이용할 수 있다. 일부 호텔에서는 로봇이 객실로 물품을 전달하거나 안내 서비스를 제공하는 사례도 등장하고 있다.

객실 관리와 시설 운영에서도 AI 기술은 중요한 역할을 한다. 스마트 호텔 시스템은 객실의 온도, 조명, 에너지 사용 등을 자동으로 관리하여 고객에게 쾌적한 환경을 제공한다. 또한 AI는 호텔 시설의 유지 관리 데이터를 분석하여 장비 고장을 미리 예측하고 효율적인 관리가 가능하도록 지원한다.

그러나 호텔 산업의 핵심 가치는 단순한 자동화 서비스에만 있는 것이 아니다. 고객을 따뜻하게 맞이하고 여행의 피로를 이해하며 세심한 배려를 제공하는 인간적인 서비스는 호텔 산업에서 매우 중요한 요소이다. 고객의 상황을 이해하고 특별한 경험을 제공하는 서비스는 인간 호텔리어의 전문성과 감각이 필요한 영역이다.

따라서 호텔 산업의 AI 혁명은 호텔 종사자를 대체하는 변화가 아니라 호텔 서비스의 질을 더욱 향상시키는 변화라고 할 수 있다. AI는 예약 관리와 운영 효율을 높이는 역할을 하고, 호텔 종사자들은 고객에게 따뜻하고 인간적인 서비스를 제공하는 역할을 수행하게 된다. 앞으로의 호텔 산업은 첨단 기술과 인간 중심의 서비스가 결합된 새로운 형태로 발전하게 될 것이다. 이러한 변화 속에서 호텔 산업은 더욱 편리하고 품격 있는 숙박 경험을 제공하며 미래 관광 산업의 중요한 중심 역할을 계속 수행하게 될 것이다.

33. 항공 산업의 AI 혁명

**운항 분석과 항공 데이터 기술은 항공
기의 안전 관리와 운항 효율을 크게 향
상시키고 있다.**

항공 산업은 세계를 빠르게 연결하는 현대 교통의 핵심 산업
이다. 비행기는 사람과 물자를 먼 거리까지 신속하게 이동시켜
국제 교류와 경제 활동을 활발하게 만드는 중요한 역할을 한다.
이러한 항공 산업에는 조종사, 정비사, 관제사, 승무원, 공항 운
영 인력 등 다양한 직업이 함께 협력하여 안전하고 효율적인 운
항을 만들어 낸다. 오랫동안 항공 산업은 높은 기술력과 엄격한
안전 관리, 그리고 전문 인력의 경험을 기반으로 발전해 왔다.
그러나 최근 인공지능(AI) 기술의 발전은 항공 산업에도 새로운

변화를 가져오고 있으며, 이러한 변화는 '항공 산업의 AI 혁명'이라고 불릴 만큼 항공 운영의 방식과 구조를 변화시키고 있다.

AI는 항공 운항의 안전성과 효율성을 높이는 중요한 기술로 활용되고 있다. 대표적인 분야가 항공기 운항 데이터 분석이다. 항공기는 운항 과정에서 수많은 데이터를 생성하는데, AI는 이러한 데이터를 분석하여 항공기의 상태를 실시간으로 파악하고 잠재적인 문제를 미리 예측할 수 있다. 이를 통해 정비가 필요한 부분을 사전에 확인하고 항공기 안전성을 더욱 강화할 수 있다.

또한 AI는 항공기 운항 계획과 공항 운영에서도 중요한 역할을 한다. 항공사는 매일 수많은 항공편을 운영해야 하기 때문에 운항 일정 관리와 항공기 배치가 매우 중요하다. AI는 날씨 정보, 공항 혼잡도, 승객 수요 등을 분석하여 최적의 운항 계획을 수립하는 데 도움을 준다. 이를 통해 항공편 지연을 줄이고 공항 운영의 효율성을 높일 수 있다.

공항 서비스 분야에서도 AI 기술이 활용되고 있다. 공항에서는 AI 기반 자동 체크인 시스템과 얼굴 인식 기술을 활용한 보안 시스템이 도입되어 승객의 탑승 절차를 더욱 빠르고 편리하게 만들어 주고 있다. 또한 AI 챗봇을 통해 항공편 정보나 공항 이용 안내를 제공함으로써 승객 서비스의 편의성도 높아지고 있다.

그러나 항공 산업에서 가장 중요한 가치는 여전히 인간의 책임과 전문성이다. 비행기의 안전 운항을 위해서는 조종사의 판단력과 관제사의 협력이 필수적이며, 승객의 안전과 편안함을 책임지는 승무원의 역할 또한 매우 중요하다. AI는 데이터를 분석하고 운영을 지원할 수 있지만, 비상 상황에서의 판단과 책임 있는 대응은 인간 전문가의 역할이다.

따라서 항공 산업의 AI 혁명은 항공 종사자를 대체하는 변화가 아니라 항공 산업의 안전성과 효율성을 더욱 높이는 변화라고 할 수 있다. AI는 데이터 분석과 운영 시스템을 지원하고, 인간 전문가들은 안전과 서비스의 중심 역할을 수행하게 된다. 앞으로의 항공 산업은 첨단 기술과 인간의 전문성이 결합된 새로운 형태로 발전하게 될 것이다. 이러한 변화 속에서 항공 산업은 더욱 안전하고 효율적인 이동 환경을 제공하며 세계를 연결하는 중요한 산업으로 계속 성장하게 될 것이다.

34. 환경 전문가의 AI 혁명

AI 환경 데이터 분석 기술은 기후 변화와 오염 패턴을 정밀하게 파악해 환경 문제 해결에 도움을 주고 있다.

　지구 환경을 보호하고 지속 가능한 미래를 만들어 가는 역할을 하는 사람들이 바로 환경 전문가이다. 환경 전문가는 대기, 물, 토양, 생태계 등 자연환경을 연구하고 오염을 줄이며 자연과 인간이 조화를 이루며 살아갈 수 있는 방법을 찾는 일을 한다. 기후 변화, 대기 오염, 해양 오염, 생물 다양성 감소와 같은 문제는 현대 사회가 해결해야 할 중요한 과제이며, 이러한 문제 해결의 중심에는 환경 전문가의 연구와 노력이 있다. 오랫동안 환경 연구는 현장 조사와 실험, 통계 분석을 통해 이루어져 왔

다. 그러나 최근 인공지능(AI) 기술의 발전은 환경 연구와 관리 방식에도 새로운 변화를 가져오고 있으며, 이러한 변화는 '환경 전문가의 AI 혁명'이라고 불릴 만큼 환경 보호 활동의 새로운 가능성을 열고 있다.

AI는 환경 데이터를 분석하는 데 매우 중요한 역할을 하고 있다. 지구 환경은 매우 복잡한 시스템으로 이루어져 있으며 기후 변화나 생태계 변화는 다양한 요인에 의해 영향을 받는다. 위성 관측 자료, 기상 데이터, 해양 정보, 대기 오염 데이터 등 방대한 환경 데이터를 분석하는 것은 매우 어려운 작업이다. AI는 이러한 데이터를 빠르게 분석하여 환경 변화의 패턴을 발견하고 미래의 변화를 예측하는 데 도움을 준다.

특히 기후 변화 연구에서 AI의 활용은 매우 중요해지고 있다. AI는 기온 변화, 해수면 상승, 강수량 변화 등의 데이터를 분석하여 미래의 기후 변화를 예측하고 기후 정책 수립에 필요한 정보를 제공할 수 있다. 이러한 분석은 환경 정책을 보다 과학적으로 설계하는 데 중요한 역할을 한다.

또한 AI는 환경 오염 관리에도 활용되고 있다. 대기 오염이나 수질 오염 데이터를 분석하여 오염 발생 원인을 파악하고 오염이 심해질 가능성이 있는 지역을 예측할 수 있다. 이를 통해 환경 관리 기관은 보다 효과적으로 오염을 관리하고 예방 정책을 마련할 수 있다. 산불 감지 시스템이나 불법 폐기물 감시 시스템에서도 AI 기술이 활용되어 환경 보호 활동의 효율성을 높이고 있다.

그러나 환경 보호의 핵심은 단순한 데이터 분석만으로 해결될 수 있는 문제는 아니다. 환경 문제는 인간의 생활 방식과 경제 활동, 사회 구조와 깊이 연결되어 있기 때문이다. 이러한 복잡한 문제를 해결하기 위해서는 인간의 가치 판단과 사회적 합의가 필요하다. 환경 정책을 설계하고 지속 가능한 사회를 만들어 가는 일은 환경 전문가의 통찰과 책임이 필요한 영역이다.

따라서 환경 전문가의 AI 혁명은 환경 전문가를 대체하는 변화가 아니라 환경 보호 활동을 더욱 과학적이고 효과적으로 발전시키는 변화라고 할 수 있다. AI는 방대한 환경 데이터를 분석하고 예측을 제공하며, 환경 전문가는 이를 바탕으로 정책과 실천 전략을 설계하는 역할을 수행하게 된다. 앞으로의 환경 전문가는 환경 과학 지식뿐만 아니라 AI와 데이터 분석 기술을 함께 활용하는 새로운 형태의 전문가로 발전하게 될 것이다. 이러한 변화 속에서 환경 전문가는 기술과 자연을 연결하며 지구의 미래를 지키는 중요한 역할을 계속 수행하게 될 것이다.

35. 농업의 AI 혁명

**AI 농업 분석과 스마트 농업 기술은
토양, 날씨, 작물 데이터를 분석해 생
산성과 효율성을 높이고 있다.**

　농업은 인류 문명의 시작과 함께 발전해 온 가장 오래된 산업
가운데 하나이다. 사람들은 땅을 경작하고 작물을 재배하며 식
량을 생산해 왔고, 이러한 활동은 인간 사회의 생존과 발전을
지탱하는 중요한 기반이 되어 왔다. 농부들은 계절의 변화와 자
연 환경을 이해하며 오랜 경험과 지혜를 바탕으로 농사를 지어
왔다. 그러나 현대 사회에서는 기후 변화, 농업 인력 감소, 식량
수요 증가와 같은 다양한 문제가 농업 환경에 영향을 미치고 있
다. 이러한 변화 속에서 인공지능(AI) 기술은 농업에도 새로운

가능성을 가져오고 있으며, 이러한 변화는 '농업의 AI 혁명'이라고 불릴 만큼 농업 생산 방식과 관리 시스템을 크게 변화시키고 있다.

AI는 농작물 재배 관리에서 중요한 역할을 하고 있다. 농작물은 온도, 습도, 토양 상태, 햇빛과 같은 다양한 환경 조건에 영향을 받기 때문에 이러한 요소를 정확하게 관리하는 것이 중요하다. AI는 센서와 위성 데이터를 통해 수집된 정보를 분석하여 농작물의 성장 상태를 파악하고 적절한 물 공급이나 비료 사용 시점을 예측할 수 있다. 이러한 기술은 농작물 생산성을 높이고 자원을 효율적으로 사용하는 데 도움을 준다.

또한 AI는 병해충 관리에서도 활용되고 있다. 농작물에 발생하는 병이나 해충은 농업 생산에 큰 피해를 줄 수 있는데, AI 기반 영상 분석 기술은 작물의 잎과 줄기 상태를 분석하여 병해충 발생 가능성을 조기에 발견할 수 있다. 이를 통해 농부는 필요한 조치를 빠르게 취할 수 있으며 피해를 최소화할 수 있다.

농업 자동화 기술에서도 AI는 중요한 역할을 한다. 자율 주행 농기계나 자동 수확 로봇은 AI를 활용하여 작물을 인식하고 작업을 수행할 수 있다. 이러한 기술은 농업 인력 부족 문제를 해결하고 농작업의 효율성을 높이는 데 기여하고 있다.

그러나 농업의 본질은 단순한 기술적 자동화만으로 이루어지지 않는다. 토양의 특성과 지역 환경을 이해하고 자연과 조화를 이루는 농업을 실천하는 일은 농부의 경험과 지혜가 필요한 영역이다. 또한 농업은 지역 사회와 환경을 함께 고려하는 지속 가능한 산업이기도 하다.

따라서 농업의 AI 혁명은 농부를 대체하는 변화가 아니라 농업의 생산성과 지속 가능성을 높이는 변화라고 할 수 있다. AI는 농업 데이터를 분석하고 자동화 기술을 지원하는 도구로 활용되며, 농부들은 자연 환경과 기술을 조화롭게 활용하는 역할을 수행하게 된다. 앞으로의 농업은 전통적인 농업 지식과 AI 기반 스마트 농업 기술이 결합된 새로운 형태의 산업으로 발전하게 될 것이다. 이러한 변화 속에서 농업은 기술과 자연의 균형을 이루며 미래 식량 문제를 해결하는 중요한 역할을 계속 수행하게 될 것이다.

36. 농부의 AI 혁명

AI 농업 분석과 스마트 농업 기술은 토양 상태와 날씨, 작물 생장 데이터를 분석해 농사 관리를 더욱 정밀하게 만든다.

　인류의 삶을 지탱하는 가장 기본적인 산업 가운데 하나가 바로 농업이다. 그리고 그 중심에는 땅을 일구고 작물을 키우는 농부가 있다. 농부는 자연의 흐름을 읽고 씨를 뿌리며 작물을 재배하여 사람들에게 필요한 식량을 생산하는 중요한 역할을 수행한다. 오랜 세월 동안 농업은 자연 환경과 농부의 경험에 크게 의존해 왔다. 비의 양, 햇빛, 토양 상태, 계절의 변화 등을 고려하며 농사를 짓는 과정은 농부의 지혜와 오랜 경험이 축적된 결과였다. 그러나 최근 인공지능(AI) 기술의 발전은 농업 환

경에도 새로운 변화를 가져오고 있으며, 이러한 변화는 '농부의 AI 혁명' 이라고 불릴 만큼 농업의 방식 자체를 바꾸고 있다.

AI는 농업에서 데이터를 기반으로 한 정밀 농업을 가능하게 하고 있다. 농지의 토양 상태, 온도, 습도, 강수량, 햇빛의 양 등 다양한 환경 데이터를 센서를 통해 수집하고 AI가 이를 분석하여 작물 재배에 가장 적합한 조건을 제시할 수 있다. 이를 통해 농부는 언제 물을 주어야 하는지, 어떤 영양분을 공급해야 하는지 보다 정확하게 판단할 수 있게 된다.

또한 AI는 작물의 성장 상태를 분석하는 데에도 활용되고 있다. 드론이나 위성 이미지를 통해 농지의 상태를 촬영하고 AI가 이를 분석하여 작물의 성장 상황이나 병충해 발생 가능성을 확인할 수 있다. 이러한 기술은 농부가 문제를 조기에 발견하고 빠르게 대응할 수 있도록 도와주며 농작물의 생산성과 품질을 높이는 데 기여한다.

농업 기계와 자동화 시스템에서도 AI 기술은 중요한 역할을 한다. 자율주행 농기계는 농지의 지형과 작물 상태를 분석하여 자동으로 파종, 비료 살포, 수확 작업을 수행할 수 있다. 이러한 기술은 농업 노동의 부담을 줄이고 농업 생산성을 높이는 데 도움을 준다.

그러나 농업의 본질은 단순한 기술이나 데이터 분석만으로 이루어지지 않는다. 농사는 자연과 함께 이루어지는 활동이며 날씨의 변화와 생태계의 흐름을 이해하는 농부의 경험과 판단이 매우 중요하다. 작물의 미묘한 변화나 토양의 상태를 직접 느끼며 농사를 짓는 농부의 감각은 인공지능이 완전히 대체하기 어려운 영역이다.

　따라서 농부의 AI 혁명은 농부를 대신하는 변화가 아니라 농부의 능력을 더욱 확장시키는 변화라고 할 수 있다. AI는 농업 데이터를 분석하고 생산 과정을 지원하며, 농부는 자연과 작물의 상태를 종합적으로 판단하는 역할을 수행하게 된다. 앞으로의 농부는 전통적인 농업 지식과 함께 AI 기술을 활용하는 새로운 형태의 농업 전문가로 발전하게 될 것이다. 이러한 변화 속에서 농업은 더욱 효율적이고 지속 가능한 산업으로 발전하며 인류의 식량을 책임지는 중요한 기반으로 계속 자리 잡게 될 것이다.

37. 어업의 AI 혁명

AI 해양 데이터 분석과 스마트 어업 기술은 어군 이동과 해양 환경을 분석해 보다 효율적인 어업 활동을 가능하게 한다.

바다는 인류에게 중요한 식량 자원을 제공하는 거대한 자연의 보고이다. 오랜 세월 동안 사람들은 바다에서 물고기와 해산물을 잡으며 생계를 이어 왔고, 이러한 활동은 어업이라는 산업으로 발전해 왔다. 어업은 단순한 생계 활동을 넘어 국가 경제와 식량 공급에 중요한 역할을 하는 산업이다. 어부들은 바다의 흐름과 계절의 변화를 이해하며 경험과 기술을 바탕으로 어획 활동을 수행해 왔다. 그러나 현대 사회에서는 해양 환경 변화와 어족 자원 감소, 그리고 어업 인력 부족과 같은 다양한 문제들

이 어업 환경에 영향을 미치고 있다. 이러한 상황 속에서 인공지능(AI) 기술은 어업 분야에도 새로운 변화를 가져오고 있으며, 이러한 변화는 '어업의 AI 혁명'이라고 불릴 만큼 어업 방식과 해양 자원 관리에 새로운 가능성을 열고 있다.

AI는 어족 자원 탐색에서 중요한 역할을 하고 있다. 바다에서는 물고기의 이동 경로와 서식 환경이 기온, 해류, 수온 등 다양한 요소에 영향을 받는다. AI는 위성 데이터와 해양 관측 데이터를 분석하여 물고기가 모일 가능성이 높은 지역을 예측할 수 있다. 이러한 기술은 어부들이 보다 효율적으로 어획 활동을 수행하도록 돕는다.

또한 AI는 해양 환경 관리에서도 활용되고 있다. 해양 생태계의 변화와 어족 자원의 감소는 중요한 문제이기 때문에 이를 지속적으로 관찰하고 분석하는 일이 필요하다. AI 기반 분석 시스템은 해양 데이터와 어획 기록을 분석하여 어족 자원의 상태를 파악하고 지속 가능한 어업 관리 정책을 수립하는 데 도움을 줄 수 있다.

양식업 분야에서도 AI 기술은 중요한 역할을 한다. 양식장은 물고기의 성장 상태와 수질 환경을 지속적으로 관리해야 하는데, AI는 센서 데이터를 분석하여 수온과 산소 농도, 먹이 공급 시점을 조절하는 데 도움을 줄 수 있다. 이러한 기술은 생산 효율을 높이고 건강한 양식 환경을 유지하는 데 기여한다.

그러나 어업의 본질은 단순한 기술적 시스템만으로 이루어지지 않는다. 바다의 환경을 이해하고 날씨와 해류의 변화를 읽으며 안전하게 작업을 수행하는 일은 어부의 경험과 판단이 중요한 역할을 한다. 또한 해양 자원을 보호하며 지속 가능한 어업을 실천하는 책임 역시 인간에게 있다.

따라서 어업의 AI 혁명은 어부를 대체하는 변화가 아니라 어업의 효율성과 지속 가능성을 높이는 변화라고 할 수 있다. AI는 해양 데이터를 분석하고 어업 활동을 지원하는 도구로 활용되며, 어부들은 바다의 환경을 이해하고 자원을 책임 있게 활용하는 역할을 수행하게 된다. 앞으로의 어업은 전통적인 어업 지식과 AI 기반 해양 분석 기술이 결합된 새로운 형태의 산업으로 발전하게 될 것이다. 이러한 변화 속에서 어업은 기술과 자연의 균형을 이루며 인류의 식량 자원을 지키는 중요한 역할을 계속 수행하게 될 것이다.

38. 어부의 AI 혁명

AI 해양 데이터와 어군 탐지 기술은 물
고기의 이동 경로와 해양 환경을 분석
해 보다 효율적인 어획 활동을 돕는다.

　바다는 오랫동안 인류에게 중요한 식량 자원을 제공해 온 자연의 보고이다. 그리고 이러한 바다에서 물고기를 잡고 해산물을 채취하여 사람들의 식탁에 올리는 역할을 하는 사람이 바로 어부이다. 어부는 바다의 흐름과 계절의 변화를 읽으며 어장을 찾아 나서고, 풍부한 경험과 감각을 바탕으로 어업 활동을 이어 왔다. 파도의 움직임, 바람의 방향, 물의 온도 등 자연의 신호를 이해하는 능력은 오랜 세월 동안 어부들의 중요한 지식으로 전해져 왔다. 그러나 최근 인공지능(AI) 기술의 발전은 어업 환경

에도 새로운 변화를 가져오고 있으며, 이러한 변화는 '어부의 AI 혁명'이라고 불릴 만큼 전통적인 어업 방식에 큰 영향을 미치고 있다.

AI는 바다 환경 데이터를 분석하는 데 중요한 역할을 하고 있다. 해양에는 수온, 해류, 염분 농도, 플랑크톤 분포 등 다양한 요소가 존재하며 이러한 요소들은 어류의 이동과 서식에 큰 영향을 미친다. AI는 위성 정보와 해양 센서 데이터를 분석하여 물고기가 많이 모일 가능성이 높은 지역을 예측할 수 있다. 이를 통해 어부들은 보다 효율적으로 어장을 찾을 수 있으며 불필요한 항해를 줄일 수 있다.

또한 AI는 어획 활동의 효율성을 높이는 데에도 활용되고 있다. 스마트 어업 장비는 어군 탐지기와 센서를 통해 바닷속 물고기의 움직임을 파악하고, AI가 이를 분석하여 어획 시점을 판단하는 데 도움을 준다. 이러한 기술은 어획량을 안정적으로 유지하고 어업 활동의 효율성을 높이는 데 기여하고 있다.

해양 자원 관리에서도 AI 기술의 활용이 확대되고 있다. 바다 자원은 무한하지 않기 때문에 지속 가능한 어업이 매우 중요하다. AI는 어획 데이터와 해양 생태계 정보를 분석하여 특정 어종의 개체 수 변화를 예측하고 적절한 어획량을 관리하는 데 도움을 줄 수 있다. 이러한 기술은 해양 생태계를 보호하면서도 안정적인 어업 활동을 유지하는 데 중요한 역할을 한다.

그러나 바다에서의 어업 활동은 단순한 데이터 분석만으로 이루어지지 않는다. 바다의 변화는 매우 복잡하고 예측하기 어려운 경우가 많으며, 어부의 경험과 직관은 여전히 중요한 역할을 한다. 날씨 변화나 바다의 미묘한 움직임을 읽어 내는 능력은 오랜 세월 동안 축적된 어부의 지혜에서 비롯된다.

따라서 어부의 AI 혁명은 어부를 대체하는 변화가 아니라 어업 활동을 더욱 효율적이고 지속 가능하게 만드는 변화라고 할 수 있다. AI는 해양 데이터를 분석하고 어획 활동을 지원하는 역할을 하며, 어부는 바다를 이해하고 자연과 조화를 이루는 어업을 수행하게 된다. 앞으로의 어부는 전통적인 어업 지식과 함께 AI 기술을 활용하는 새로운 형태의 해양 전문가로 발전하게 될 것이다. 이러한 변화 속에서 어업은 자연과 기술이 함께하는 지속 가능한 산업으로 발전하며 인류의 식량을 책임지는 중요한 역할을 계속 이어 나가게 될 것이다.

39. 제조 산업의 AI 혁명

AI 생산 관리 시스템과 스마트 공장 기술은 생산 공정을 자동화하고 품질 관리의 정확성을 높이고 있다.

제조 산업은 인간의 생활을 풍요롭게 만드는 다양한 제품을 생산하는 중요한 산업이다. 자동차, 전자제품, 의류, 기계 장비 등 우리가 일상에서 사용하는 수많은 물건들은 제조 산업을 통해 만들어진다. 이러한 산업은 오랫동안 기술 발전과 산업 혁신의 중심이 되어 왔으며 국가 경제에서도 중요한 역할을 수행해 왔다. 공장과 생산 설비, 그리고 숙련된 기술 인력의 협력 속에서 제조 산업은 지속적으로 발전해 왔다. 그러나 최근 인공지능(AI) 기술의 발전은 제조 환경에도 큰 변화를 가져오고 있으며,

이러한 변화는 '제조 산업의 AI 혁명'이라고 불릴 만큼 생산 방식과 산업 구조를 변화시키고 있다.

AI는 생산 공정의 효율성을 높이는 데 중요한 역할을 하고 있다. 현대의 공장에서는 다양한 센서와 시스템을 통해 생산 데이터를 수집하고 있으며, AI는 이러한 데이터를 분석하여 생산 과정의 문제를 발견하거나 공정의 효율성을 개선하는 데 도움을 준다. 이를 통해 공장은 생산 속도를 높이고 불필요한 비용을 줄일 수 있다.

또한 AI는 품질 관리 분야에서도 활용되고 있다. 제품의 품질을 유지하는 것은 제조 산업에서 매우 중요한 요소인데, AI 기반 이미지 분석 기술은 제품의 미세한 결함을 빠르게 발견할 수 있다. 이러한 기술은 사람이 놓칠 수 있는 작은 문제까지 정확하게 검사하여 제품의 품질을 높이는 데 기여한다.

설비 관리에서도 AI 기술은 중요한 역할을 한다. 공장 설비는 지속적인 관리가 필요하며 갑작스러운 고장은 생산 중단으로 이어질 수 있다. AI 기반 예측 유지 보수 시스템은 설비의 작동 데이터를 분석하여 고장 가능성을 미리 파악하고 정비 시점을 예측할 수 있다. 이러한 기술은 생산 안정성을 높이는 데 도움을 준다.

그러나 제조 산업의 핵심은 단순한 자동화 기술만으로 이루어지지 않는다. 제품을 설계하고 생산 전략을 수립하며 기술 혁신을 추진하는 일은 인간 전문가의 경험과 창의적인 사고가 필요한 영역이다. 또한 공장 운영과 노동 환경을 조율하는 일 역시 중요한 역할이다.

따라서 제조 산업의 AI 혁명은 제조 기술자를 대체하는 변화가 아니라 산업의 생산성과 혁신 가능성을 확장하는 변화라고 할 수 있다. AI는 생산 데이터를 분석하고 공정 자동화를 지원하는 도구로 활용되며, 제조 산업 전문가들은 기술 개발과 산업 전략을 이끄는 역할을 수행하게 된다. 앞으로의 제조 산업은 인간의 기술과 경험, 그리고 AI 기반 생산 시스템이 결합된 새로운 산업 환경으로 발전하게 될 것이다. 이러한 변화 속에서 제조 산업은 기술 혁신과 효율성을 바탕으로 미래 산업 발전을 이끄는 중요한 역할을 계속 수행하게 될 것이다.

40. 광산 산업의 AI 혁명

AI 지질 분석과 자원 탐사 기술은 광물의 위치와 매장량을 더욱 정확하게 예측하도록 돕고 있다.

　인류의 산업 발전에는 다양한 자원이 필요하며, 이러한 자원을 지하에서 채굴하여 공급하는 산업이 바로 광산 산업이다. 철, 구리, 금, 석탄과 같은 광물 자원은 건설, 전자 산업, 에너지 산업 등 다양한 분야에서 중요한 역할을 한다. 광산 산업은 오랫동안 지하 깊은 곳에서 이루어지는 고된 노동과 위험한 작업 환경으로 알려져 왔다. 광부들은 어둡고 좁은 공간에서 장비를 이용해 광물을 채굴하며 산업 발전을 뒷받침해 왔다. 그러나 최근 인공지능(AI) 기술의 발전은 광산 산업에도 큰 변화를 가져

오고 있으며, 이러한 변화는 '광산 산업의 AI 혁명'이라고 불릴 만큼 채굴 방식과 작업 환경을 새롭게 바꾸고 있다.

AI는 광물 탐사 과정에서 중요한 역할을 하고 있다. 과거에는 지질 조사와 탐사를 통해 광물 자원의 위치를 찾는 데 많은 시간과 비용이 필요했다. 그러나 AI는 위성 데이터, 지질 정보, 지형 데이터 등을 분석하여 광물이 존재할 가능성이 높은 지역을 예측할 수 있다. 이러한 기술은 탐사 효율을 높이고 자원 개발의 정확성을 향상시키는 데 도움을 준다.

또한 AI는 광산 작업의 안전성을 높이는 데에도 중요한 역할을 한다. 광산은 붕괴 위험이나 가스 누출과 같은 다양한 위험 요소가 존재하는 환경이다. AI 기반 모니터링 시스템은 지반 상태, 공기 질, 장비 상태 등을 실시간으로 분석하여 위험 상황을 미리 감지하고 작업자에게 경고를 보낼 수 있다. 이러한 기술은 광산 작업 환경을 보다 안전하게 만드는 데 중요한 역할을 한다.

광산 장비의 자동화에서도 AI 기술이 활용되고 있다. 자율주행 채굴 장비와 운반 차량은 광산 내부에서 광물을 채굴하고 운반하는 작업을 자동으로 수행할 수 있다. AI는 장비의 움직임과 작업 효율을 분석하여 생산성을 높이고 작업자의 위험 노출을 줄이는 데 기여하고 있다. 이러한 기술은 광산 운영의 효율성과 안전성을 동시에 향상시키고 있다.

그러나 광산 산업의 운영은 단순한 자동화 기술만으로 이루어지지 않는다. 지질 구조를 이해하고 채굴 계획을 세우는 일은 전문가의 경험과 판단이 필요한 영역이다. 또한 광산 개발이 환경과 지역 사회에 미치는 영향을 고려하는 책임 있는 결정 역시 인간의 역할이다.

따라서 광산 산업의 AI 혁명은 광산 종사자를 대체하는 변화가 아니라 광산 산업을 보다 안전하고 효율적으로 발전시키는 변화라고 할 수 있다. AI는 데이터 분석과 자동화 작업을 담당하고, 인간 전문가들은 자원 개발 전략과 환경 관리, 안전 운영을 담당하게 된다. 앞으로의 광산 산업은 첨단 기술과 인간의 전문성이 결합된 새로운 형태로 발전하게 될 것이다. 이러한 변화 속에서 광산 산업은 더욱 안전하고 지속 가능한 자원 개발을 이루며 현대 산업을 지탱하는 중요한 기반으로 계속 역할을 수행하게 될 것이다.

41. 건설 산업의 AI 혁명

**AI 설계 분석과 건설 데이터 기술은
공사 계획, 안전 관리, 자재 운영을 더
욱 정밀하고 효율적으로 만든다.**

인류의 역사는 건설의 역사와 함께 발전해 왔다. 고대의 피라 미드부터 현대의 초고층 빌딩까지, 인간은 더 안전하고 더 편리한 공간을 만들기 위해 끊임없이 건설 기술을 발전시켜 왔다. 그러나 건설 산업은 오랫동안 경험과 감각에 의존하는 전통적인 산업으로 여겨져 왔다. 현장의 숙련된 기술자와 관리자들의 판단이 공사의 성패를 좌우했고, 설계와 시공, 안전관리까지 대부분 인간의 경험에 의존해 왔다. 하지만 이제 건설 산업에도 거대한 변화의 바람이 불고 있다. 바로 인공지능(AI)의 등장이

다.

AI는 건설 산업의 전 과정을 근본적으로 바꾸고 있다. 과거에는 수많은 도면과 데이터를 사람이 일일이 분석해야 했지만, 이제는 AI가 방대한 데이터를 분석하여 최적의 설계안을 제시한다. 건축 설계 단계에서는 AI가 건물의 구조, 에너지 효율, 비용 등을 동시에 고려하여 가장 효율적인 설계를 도출한다. 이는 단순한 자동화를 넘어, 인간이 미처 생각하지 못한 새로운 설계 아이디어를 제시하기도 한다.

또한 건설 현장에서는 AI와 드론, 센서 기술이 결합하여 공사의 진행 상황을 실시간으로 분석한다. 드론이 촬영한 현장 데이터를 AI가 분석해 공정 지연이나 위험 요소를 미리 예측하고, 안전사고 가능성을 사전에 경고한다. 이는 건설 현장의 가장 큰 문제였던 안전사고를 크게 줄이는 데 기여하고 있다. 실제로 AI 기반 안전관리 시스템은 작업자의 움직임과 장비의 위치를 분석해 위험 상황을 즉시 감지할 수 있다.

AI는 건설 비용 관리에서도 혁신을 만들어내고 있다. 과거에는 공사 기간이 길어지거나 자재 관리가 제대로 이루어지지 않아 비용이 증가하는 경우가 많았다. 그러나 AI는 공정 데이터를 분석하여 자재 수요를 예측하고, 공사 일정과 자원을 효율적으로 배분한다. 이를 통해 공사 기간을 단축하고 불필요한 비용을 줄일 수 있다.

결국 건설 산업의 AI 혁명은 단순히 기술의 변화가 아니라, 건설의 방식 자체를 바꾸는 변화라고 할 수 있다.

미래의 건설 현장은 지금과 전혀 다른 모습일 것이다. AI가 설계를 돕고, 로봇이 위험한 작업을 수행하며, 드론과 센서가 현장을 실시간으로 관리하는 스마트 건설 현장이 일반화될 것이다. 하지만 그 중심에는 여전히 인간이 있다. AI는 건설 산업의 새로운 도구이자 협력자일 뿐이다.

건설 산업의 AI 혁명은 인간의 경험과 기술에 인공지능의 분석 능력이 더해지는 과정이다. 결국 미래의 건설 산업은 인간과 AI가 함께 도시를 만들어 가는 새로운 협력의 시대가 될 것이다.

42. 건설 노동자의 AI 혁명

AI 안전 관리 시스템과 스마트 건설 장비는 작업 환경을 분석해 사고를 예방하고 작업 효율을 높이고 있다.

　도시의 건물과 도로, 교량, 터널과 같은 사회 기반 시설은 인간의 삶을 지탱하는 중요한 공간이다. 이러한 공간을 실제로 만들어 내는 사람들은 바로 건설 현장에서 일하는 건설 노동자들이다. 건설 노동자는 무거운 자재를 운반하고 구조물을 조립하며 다양한 공정을 통해 건물을 완성하는 중요한 역할을 수행한다. 오랫동안 건설 현장은 많은 인력과 육체적인 노동이 필요한 산업으로 알려져 왔다. 또한 높은 곳에서 작업하거나 무거운 장비를 다루는 등 위험 요소가 많은 환경이기도 했다. 그러나 최

근 인공지능(AI) 기술의 발전은 건설 산업에도 새로운 변화를 가져오고 있으며, 이러한 변화는 '건설 노동자의 AI 혁명'이라고 불릴 만큼 건설 현장의 방식과 환경을 변화시키고 있다.

AI는 건설 현장의 작업 효율성을 높이는 데 중요한 역할을 하고 있다. 대표적인 기술이 바로 건설 자동화 장비이다. AI 기반 건설 장비는 토지 정리, 굴착 작업, 자재 운반 등 다양한 작업을 자동으로 수행할 수 있으며 작업 속도와 정확성을 높여 준다. 이러한 기술은 건설 작업의 효율을 높이고 노동자의 부담을 줄이는 데 도움을 준다.

또한 AI는 건설 현장의 안전 관리에서도 중요한 역할을 한다. 건설 현장은 다양한 위험 요소가 존재하기 때문에 안전 관리가 매우 중요하다. AI 기반 영상 분석 시스템은 현장 카메라를 통해 작업자의 움직임과 장비 사용 상태를 분석하여 위험 상황을 감지할 수 있다. 예를 들어 안전 장비를 착용하지 않은 작업자를 발견하거나 위험한 작업 환경을 감지하면 즉시 경고를 보내 사고를 예방할 수 있다.

건설 계획과 공정 관리에서도 AI 기술은 활용되고 있다. 건설 프로젝트는 다양한 공정이 동시에 진행되기 때문에 일정 관리가 매우 중요하다. AI는 공사 데이터를 분석하여 작업 순서를 최적화하고 공사 지연 가능성을 미리 예측할 수 있다. 이를 통해 건설 프로젝트의 효율성과 정확성을 높일 수 있다.

그러나 건설 현장은 여전히 인간의 경험과 기술이 중요한 분야이다. 구조물을 조립하고 세밀한 작업을 수행하는 과정에서는 숙련된 건설 노동자의 기술이 필요하다. 또한 현장에서 발생하는 다양한 상황에 유연하게 대응하는 능력은 인간 작업자의 경험에서 비롯된다.

따라서 건설 노동자의 AI 혁명은 건설 노동자를 대체하는 변화가 아니라 건설 현장의 안전성과 효율성을 높이는 변화라고 할 수 있다. AI는 위험한 작업과 반복적인 작업을 지원하고, 건설 노동자는 현장의 기술과 경험을 바탕으로 건설 작업을 완성하는 역할을 수행하게 된다. 앞으로의 건설 산업은 첨단 기술과 숙련된 노동자의 협력이 결합된 새로운 형태로 발전하게 될 것이다. 이러한 변화 속에서 건설 노동자는 더욱 안전하고 효율적인 환경에서 도시와 사회의 기반을 만들어 가는 중요한 역할을 계속 수행하게 될 것이다.

43. 자동차 산업의 AI 혁명

**AI 자율주행 기술과 차량 데이터 분석
은 자동차의 안전성과 운행 효율을 크
게 향상시키고 있다.**

자동차 산업은 현대 사회의 이동과 물류를 책임지는 핵심 산업이다. 자동차는 사람들의 일상적인 이동을 가능하게 하고 물자를 빠르게 운송하여 경제 활동을 활발하게 만드는 중요한 역할을 한다. 자동차 산업에는 자동차 설계 엔지니어, 생산 기술자, 정비 전문가, 운송 종사자 등 다양한 직업이 함께 참여하여 자동차의 생산과 운행을 가능하게 한다. 오랫동안 자동차 산업은 기계 공학과 제조 기술의 발전을 중심으로 성장해 왔다. 그러나 최근 인공지능(AI) 기술의 발전은 자동차 산업의 구조와

기술 환경에도 큰 변화를 가져오고 있으며, 이러한 변화는 '자동차 산업의 AI 혁명'이라고 불릴 만큼 산업의 새로운 시대를 열고 있다.

AI는 자동차 기술의 발전에서 가장 주목받는 분야인 자율주행 기술의 핵심 요소이다. 자율주행 자동차는 다양한 센서와 카메라를 통해 주변 환경을 인식하고 AI가 이를 분석하여 차량의 움직임을 제어한다. AI는 도로 상황, 교통 신호, 보행자의 움직임 등을 실시간으로 분석하여 안전한 주행 경로를 결정한다. 이러한 기술은 미래 교통 시스템의 안전성과 효율성을 크게 향상시킬 것으로 기대되고 있다.

또한 AI는 자동차 생산 과정에서도 중요한 역할을 하고 있다. 스마트 공장에서는 AI 기반 로봇이 자동차 부품을 조립하고 생산 공정을 자동으로 관리한다. AI는 생산 데이터를 분석하여 불량률을 줄이고 생산 효율을 높이는 데 도움을 준다. 이를 통해 자동차 제조 과정은 더욱 정밀하고 효율적으로 이루어지고 있다.

자동차 유지 관리 분야에서도 AI 기술은 활용되고 있다. 차량에는 다양한 센서가 장착되어 있으며 AI는 차량의 운행 데이터를 분석하여 고장 가능성을 미리 예측할 수 있다. 이를 통해 차량 정비를 사전에 계획하고 안전한 운행을 유지할 수 있도록 돕는다. 이러한 기술은 자동차의 안전성과 유지 관리 효율을 높이는 데 중요한 역할을 한다.

그러나 자동차 산업은 단순한 기술 시스템만으로 운영되는 산업은 아니다. 차량 설계의 창의성과 안전 기준의 설정, 교통 환경에 대한 사회적 판단 등은 인간 전문가의 역할이 중요한 영역이다. 또한 자동차 기술이 사회에 미치는 영향을 고려하고 책임 있는 기술 개발을 추진하는 일 역시 인간의 판단이 필요하다.

따라서 자동차 산업의 AI 혁명은 자동차 산업 종사자를 대체하는 변화가 아니라 자동차 기술을 더욱 발전시키는 변화라고 할 수 있다. AI는 데이터 분석과 자동화 시스템을 통해 산업의 효율성을 높이고, 인간 전문가들은 기술 개발과 안전 관리, 미래 교통 환경을 설계하는 역할을 수행하게 된다. 앞으로의 자동차 산업은 첨단 기술과 인간의 창의성이 결합된 새로운 형태로 발전하게 될 것이다. 이러한 변화 속에서 자동차 산업은 더욱 안전하고 스마트한 이동 환경을 만들어 가며 미래 사회의 중요한 기반 산업으로 계속 성장하게 될 것이다.

44. 택시 운전사의 AI 혁명

**AI 내비게이션과 교통 데이터 분석은
최적의 이동 경로를 안내해 운행 효율
과 서비스 품질을 높이고 있다.**

　도시에서 사람들의 이동을 돕는 가장 친숙한 직업 가운데 하나가 바로 택시 운전사이다. 택시는 대중교통이 닿지 않는 곳까지 사람들을 편리하게 이동시켜 주는 중요한 교통 수단이며, 택시 운전사는 승객을 안전하고 빠르게 목적지까지 안내하는 역할을 한다. 오랫동안 택시 운전사의 업무는 도로 지리 지식과 운전 경험, 그리고 승객과의 소통 능력에 크게 의존해 왔다. 복잡한 도시의 도로를 파악하고 교통 상황을 고려하여 최적의 경로를 선택하는 능력은 숙련된 운전사의 중요한 전문성이었다.

그러나 최근 인공지능(AI) 기술의 발전은 교통 산업에도 큰 변화를 가져오고 있으며, 이러한 변화는 '택시 운전사의 AI 혁명'이라고 불릴 만큼 새로운 이동 환경을 만들어 가고 있다.

AI는 택시 운행의 효율성을 높이는 데 중요한 역할을 하고 있다. 대표적인 기술이 바로 AI 기반 내비게이션 시스템이다. AI는 실시간 교통 데이터와 도로 정보를 분석하여 가장 빠른 경로를 제시하고 교통 체증을 피할 수 있는 대안을 제공한다. 이를 통해 택시 운전사는 보다 효율적으로 운행할 수 있으며 승객 또한 빠르게 목적지에 도착할 수 있다.

또한 AI는 택시 호출 서비스에서도 활용되고 있다. 스마트폰 기반 택시 호출 플랫폼에서는 AI가 승객의 위치와 주변 차량의 위치를 분석하여 가장 가까운 차량을 배정하고 이동 시간을 예측한다. 이러한 시스템은 승객과 운전사를 더욱 빠르게 연결해 주며 택시 서비스의 편의성을 크게 높이고 있다.

최근에는 자율주행 기술의 발전도 택시 산업의 중요한 변화로 주목받고 있다. 자율주행 택시는 AI가 차량을 스스로 운행하는 기술로 미래 교통 시스템의 새로운 형태로 연구되고 있다. 이러한 기술은 교통 안전성을 높이고 이동 서비스를 더욱 효율적으로 만들 가능성을 가지고 있다.

그러나 이동 서비스의 본질은 단순한 차량 운행만으로 이루어지지 않는다. 택시 운전사는 승객의 상황을 이해하고 안전하고 편안한 이동을 제공하는 서비스 역할도 수행한다. 특히 복잡한 도로 상황이나 예상치 못한 상황에서의 판단력은 경험 많은 운전사의 중요한 능력이다. 또한 승객과의 소통을 통해 신뢰를 형성하는 서비스 역시 인간 운전사의 중요한 역할이다.

따라서 택시 운전사의 AI 혁명은 택시 운전사를 대체하는 변화라기보다 이동 서비스를 더욱 발전시키는 변화라고 할 수 있다. AI는 교통 데이터를 분석하고 운행 시스템을 지원하는 역할을 하며, 운전사는 안전한 운행과 고객 서비스를 담당하는 역할을 수행하게 된다. 앞으로의 택시 산업은 첨단 기술과 인간의 서비스가 결합된 새로운 형태로 발전하게 될 것이다. 이러한 변화 속에서 택시 운전사는 기술과 사람을 연결하며 도시 이동 서비스를 더욱 편리하고 안전하게 만드는 중요한 역할을 계속 수행하게 될 것이다.

45. 버스 운전사의 AI 혁명

AI 교통 분석과 스마트 운행 시스템은 교통 상황과 운행 데이터를 분석해 안전하고 효율적인 버스 운행을 돕는다.

　도시와 지역을 연결하며 많은 사람들의 일상적인 이동을 책임지는 중요한 직업이 바로 버스 운전사이다. 버스는 대중교통의 핵심 수단으로 학생, 직장인, 관광객 등 다양한 사람들이 이용하는 교통수단이다. 버스 운전사는 정해진 노선을 따라 수많은 승객을 안전하게 목적지까지 이동시키는 중요한 역할을 수행한다. 오랫동안 버스 운행은 운전사의 경험과 도로 상황에 대한 판단에 크게 의존해 왔다. 복잡한 교통 흐름 속에서 안전하게 차량을 운행하고 승객의 안전을 지키는 것은 버스 운전사의

중요한 책임이었다. 그러나 최근 인공지능(AI) 기술의 발전은 대중교통 환경에도 새로운 변화를 가져오고 있으며, 이러한 변화는 '버스 운전사의 AI 혁명'이라고 불릴 만큼 교통 운영 방식에 큰 영향을 미치고 있다.

AI는 버스 운행 관리에서 중요한 역할을 하고 있다. 도시 교통 시스템에서는 수많은 버스가 동시에 운행되기 때문에 효율적인 노선 관리와 시간 조정이 매우 중요하다. AI는 교통 흐름, 승객 수요, 도로 혼잡도 등의 데이터를 분석하여 버스 운행 시간을 조정하고 최적의 노선을 관리하는 데 도움을 준다. 이를 통해 대중교통의 효율성이 높아지고 승객들은 보다 편리하게 버스를 이용할 수 있게 된다.

또한 AI는 버스 운행의 안전성을 높이는 기술로도 활용되고 있다. AI 기반 운전자 보조 시스템은 차량 주변 상황을 실시간으로 분석하여 충돌 위험이나 보행자 접근을 감지하고 운전자에게 경고를 제공한다. 이러한 시스템은 사고를 예방하고 안전한 운행을 지원하는 중요한 기술이다. 일부 지역에서는 자율주행 버스 기술도 시험 운영되며 미래 대중교통의 새로운 가능성을 보여 주고 있다.

버스 서비스 관리에서도 AI 기술은 활용되고 있다. 버스 정류장의 승객 수요 데이터를 분석하여 특정 시간대에 승객이 많은 노선에 차량을 추가 배치하는 등 효율적인 교통 서비스를 제공할 수 있다. 이러한 데이터 기반 운영은 대중교통 시스템의 품질을 높이는 데 중요한 역할을 한다.

그러나 대중교통의 중심에는 여전히 인간 운전사의 책임과 역할이 존재한다. 버스 운전사는 수많은 승객의 안전을 책임지며 예상하지 못한 도로 상황이나 긴급 상황에서 빠르게 판단해야 한다. 또한 승객을 배려하고 안전하게 안내하는 서비스 역시 중요한 역할이다. AI는 데이터를 분석하고 운행을 지원할 수 있지만, 도로 위에서의 책임 있는 판단과 승객의 안전을 지키는 역할은 인간 운전사의 몫이다.

따라서 버스 운전사의 AI 혁명은 버스 운전사를 대체하는 변화가 아니라 대중교통을 더욱 안전하고 효율적으로 발전시키는 변화라고 할 수 있다. AI는 교통 데이터를 분석하고 운행 시스템을 지원하며, 버스 운전사는 안전 운행과 승객 서비스를 담당하게 된다. 앞으로의 대중교통은 첨단 기술과 인간의 책임이 결합된 새로운 형태로 발전하게 될 것이다. 이러한 변화 속에서 버스 운전사는 도시의 이동을 책임지는 중요한 직업으로서 미래 교통 환경에서도 계속 중요한 역할을 수행하게 될 것이다.

46. 철도 산업의 AI 혁명

AI 운행 관리 시스템과 철도 데이터 분석은 열차 운행의 안전성과 정시성을 더욱 향상시키고 있다.

　철도는 사람과 물자를 장거리로 안전하게 이동시키는 대표적인 교통 수단이다. 기차는 도시와 도시를 연결하며 국가 경제와 사회 활동을 활발하게 만드는 중요한 역할을 한다. 이러한 철도 산업에는 기관사, 정비 기술자, 관제사, 운영 관리 인력 등 다양한 직업이 함께 협력하여 철도 시스템을 운영한다. 오랫동안 철도 운영은 정밀한 기술과 경험 많은 인력의 협력을 통해 유지되어 왔다. 열차 운행 시간 관리, 선로 안전 점검, 차량 정비 등 수많은 과정이 철저한 관리 속에서 이루어졌다. 그러나 최근 인공

지능(AI) 기술의 발전은 철도 산업에도 큰 변화를 가져오고 있으며, 이러한 변화는 '철도 산업의 AI 혁명'이라고 불릴 만큼 철도 운영 방식을 새롭게 바꾸고 있다.

AI는 철도 운영의 효율성을 높이는 데 중요한 역할을 하고 있다. 철도 시스템에서는 수많은 열차가 동시에 운행되기 때문에 정확한 운행 관리가 매우 중요하다. AI는 열차 운행 데이터, 승객 수요, 교통 흐름 등을 분석하여 열차 운행 시간을 최적화하고 노선 운영을 효율적으로 관리하는 데 도움을 준다. 이를 통해 열차 지연을 줄이고 보다 안정적인 철도 서비스를 제공할 수 있다.

또한 AI는 철도 안전 관리에서도 중요한 기술로 활용되고 있다. 철도 선로와 차량은 지속적인 점검이 필요한데, AI 기반 센서 시스템은 선로의 상태와 열차 장비의 작동 상태를 실시간으로 분석하여 이상 징후를 발견할 수 있다. 이를 통해 고장이나 사고 가능성을 미리 예측하고 예방 정비를 수행할 수 있어 철도 안전성이 더욱 강화된다.

철도 차량 정비 분야에서도 AI 기술은 활용되고 있다. 열차에는 다양한 기계 장치와 전자 시스템이 탑재되어 있으며 AI는 이러한 장비의 데이터를 분석하여 부품 교체 시기나 정비 필요성을 예측할 수 있다. 이러한 예측 정비 기술은 철도 운영의 안정성을 높이고 유지 관리 비용을 줄이는 데 도움을 준다.

그러나 철도 산업의 핵심은 단순한 자동화 시스템만으로 이루어지지 않는다. 열차 운행 중 발생할 수 있는 다양한 상황에 대응하고 승객의 안전을 책임지는 일은 인간 전문가의 판단이 필요한 영역이다. 기관사의 운행 판단, 관제사의 운행 조정, 정비 기술자의 숙련된 기술은 철도 시스템의 안정성을 유지하는 중요한 요소이다.

따라서 철도 산업의 AI 혁명은 철도 종사자를 대체하는 변화가 아니라 철도 시스템을 더욱 안전하고 효율적으로 발전시키는 변화라고 할 수 있다. AI는 데이터 분석과 자동화 관리 시스템을 통해 운영을 지원하고, 인간 전문가들은 안전 관리와 운행 판단을 담당하게 된다. 앞으로의 철도 산업은 첨단 기술과 인간의 전문성이 결합된 새로운 형태로 발전하게 될 것이다. 이러한 변화 속에서 철도 산업은 더욱 안전하고 스마트한 교통 시스템으로 발전하며 미래 사회의 중요한 이동 수단으로 계속 역할을 수행하게 될 것이다.

47. 우주 산업의 AI 혁명

AI 우주 탐사 분석과 자율 운영 기술은 위성 관리와 우주 탐사 임무를 더욱 정밀하고 효율적으로 수행하도록 돕고 있다.

인류는 오래전부터 밤하늘을 바라보며 우주에 대한 호기심을 가져 왔다. 이러한 호기심은 과학 기술의 발전과 함께 실제 우주 탐사로 이어졌고, 오늘날에는 인공위성, 우주 탐사선, 우주 정거장 등 다양한 형태의 우주 활동이 이루어지고 있다. 이러한 활동을 가능하게 하는 분야가 바로 우주 산업이다. 우주 산업에는 우주 과학자, 항공우주 엔지니어, 위성 운영 전문가, 우주 비행사 등 다양한 전문가들이 참여하여 우주 탐사와 우주 기술 개발을 수행한다. 그러나 최근 인공지능(AI) 기술의 발전은 우주

산업에도 큰 변화를 가져오고 있으며, 이러한 변화는 '우주 산업의 AI 혁명'이라고 불릴 만큼 우주 개발의 새로운 가능성을 열고 있다.

AI는 우주 탐사에서 매우 중요한 역할을 하고 있다. 우주는 지구와 달리 환경이 매우 복잡하고 예측하기 어려운 공간이기 때문에 탐사 장비가 스스로 판단하고 대응하는 능력이 필요하다. AI는 탐사선과 로버에 탑재되어 주변 환경을 분석하고 이동 경로를 결정하는 데 활용된다. 예를 들어 화성 탐사 로버는 AI를 통해 지형을 분석하고 안전한 경로를 선택하며 탐사 활동을 수행할 수 있다.

또한 AI는 위성 데이터 분석에서도 중요한 역할을 한다. 지구 관측 위성은 매일 방대한 양의 데이터를 수집하는데, AI는 이러한 데이터를 분석하여 기후 변화, 산림 변화, 해양 상태 등을 빠르게 파악할 수 있다. 이러한 정보는 환경 연구와 재난 관리, 농업 관리 등 다양한 분야에서 활용되고 있다.

우주선 운영과 임무 계획에서도 AI 기술은 중요한 도구가 되고 있다. 우주 임무는 매우 복잡한 계획과 정밀한 운영이 필요하기 때문에 AI는 우주선의 상태를 분석하고 최적의 임무 수행 계획을 지원할 수 있다. 또한 우주 장비의 고장 가능성을 예측하여 사전에 문제를 해결하는 데에도 활용된다.

그러나 우주 탐사는 단순한 기술 시스템만으로 이루어지지 않는다. 새로운 탐사 목표를 설정하고 과학적 질문을 제기하며 우주 연구의 방향을 결정하는 일은 인간 과학자의 창의성과 호기심에서 비롯된다. 또한 우주 탐사에는 막대한 비용과 위험이 따르기 때문에 책임 있는 판단과 협력이 필요하다.

따라서 우주 산업의 AI 혁명은 인간 전문가를 대체하는 변화가 아니라 우주 탐사의 가능성을 더욱 확장시키는 변화라고 할 수 있다. AI는 데이터 분석과 자동화된 탐사 활동을 지원하고, 인간 전문가들은 연구 방향을 설계하고 새로운 탐사 목표를 설정하는 역할을 수행하게 된다. 앞으로의 우주 산업은 첨단 기술과 인간의 창의성이 결합된 새로운 형태로 발전하게 될 것이다. 이러한 변화 속에서 우주 산업은 인류의 지식을 확장하고 새로운 미래를 여는 중요한 산업으로 계속 성장하게 될 것이다.

48. 패션 산업의 AI 혁명

AI 패션 분석과 트렌드 예측 기술은 소비자의 취향과 시장 흐름을 분석해 새로운 디자인과 상품 기획을 가능하게 한다.

　패션 산업은 인간의 개성과 문화를 표현하는 대표적인 창의 산업이다. 옷은 단순히 몸을 보호하는 기능을 넘어 사람의 취향과 정체성을 나타내는 중요한 요소가 되었다. 이러한 패션 산업에는 디자이너, 패션 기획자, 생산 기술자, 유통 전문가 등 다양한 직업이 함께 참여하여 새로운 스타일과 트렌드를 만들어 낸다. 오랫동안 패션은 디자이너의 창의성과 감각, 그리고 사회적 문화 흐름을 반영하며 발전해 왔다. 그러나 최근 인공지능(AI) 기술의 발전은 패션 산업에도 새로운 변화를 가져오고 있으며,

이러한 변화는 '패션 산업의 AI 혁명'이라고 불릴 만큼 산업 전반에 영향을 미치고 있다.

AI는 패션 디자인 과정에서 새로운 도구로 활용되고 있다. AI는 과거 패션 디자인 데이터와 소비자 선호도를 분석하여 새로운 디자인 아이디어를 제안할 수 있다. 디자이너는 이러한 데이터를 참고하여 다양한 스타일과 색상 조합을 빠르게 검토할 수 있으며, 디자인 개발 과정의 효율성을 높일 수 있다. 이러한 기술은 창의적인 아이디어를 확장하는 도구로 활용되고 있다.

또한 AI는 패션 트렌드 분석에서도 중요한 역할을 한다. 패션 산업에서는 소비자의 취향과 유행의 변화를 빠르게 파악하는 것이 매우 중요하다. AI는 온라인 쇼핑 데이터, SNS 이미지, 소비자 리뷰 등을 분석하여 현재의 패션 트렌드와 앞으로의 유행 가능성을 예측할 수 있다. 이러한 분석은 패션 브랜드가 보다 정확한 상품 기획을 하는 데 도움을 준다.

패션 유통과 판매 과정에서도 AI 기술은 활용되고 있다. 온라인 쇼핑몰에서는 AI가 고객의 구매 기록과 검색 패턴을 분석하여 개인에게 맞는 상품을 추천하는 시스템이 운영되고 있다. 또한 가상 피팅 기술을 통해 고객이 실제로 옷을 입어 보지 않아도 자신의 몸에 어울리는 스타일을 확인할 수 있는 서비스도 등장하고 있다.

그러나 패션의 본질은 단순한 데이터 분석만으로 완성되는 것이 아니다. 패션은 시대의 문화와 감정을 담아내는 창의적인 예술이기도 하다. 새로운 스타일을 만들어 내고 사람들의 감성을 자극하는 디자인은 디자이너의 창의성과 감각에서 비롯된다. AI는 디자인을 보조하고 데이터를 제공할 수 있지만, 패션에 담긴 문화적 의미와 감성을 만들어 내는 일은 인간 디자이너의 역할이다.

따라서 패션 산업의 AI 혁명은 패션 전문가를 대체하는 변화가 아니라 패션 창작과 산업 운영을 더욱 발전시키는 변화라고 할 수 있다. AI는 데이터 분석과 디자인 지원을 담당하고, 패션 전문가들은 창의적인 디자인과 브랜드 가치를 만들어 내는 역할을 수행하게 된다. 앞으로의 패션 산업은 기술과 창의성이 결합된 새로운 형태로 발전하게 될 것이다. 이러한 변화 속에서 패션 산업은 더욱 다양하고 혁신적인 스타일을 만들어 내며 현대 문화의 중요한 영역으로 계속 성장하게 될 것이다.

49. 패션 디자이너의 AI 혁명

AI 디자인 생성과 트렌드 분석 기술은
다양한 스타일과 패션 아이디어를 빠
르게 제안해 창작의 범위를 넓혀 준다.

　패션은 시대의 감각과 문화를 반영하는 예술이자 산업이다.
그리고 그 중심에서 새로운 스타일을 창조하는 사람이 바로 패
션 디자이너이다. 패션 디자이너는 색상, 소재, 형태를 조합하
여 의상을 디자인하고 사람들의 생활과 개성을 표현할 수 있는
스타일을 만들어 낸다. 오랫동안 패션 디자인은 디자이너의 창
의적인 감각과 경험, 그리고 사회적 문화 흐름을 반영하며 발전
해 왔다. 새로운 트렌드를 만들고 사람들의 관심을 끄는 디자인
을 탄생시키는 과정은 디자이너의 상상력과 감각에 크게 의존

해 왔다. 그러나 최근 인공지능(AI) 기술의 발전은 패션 디자인 분야에도 새로운 변화를 가져오고 있으며, 이러한 변화는 '패션 디자이너의 AI 혁명'이라고 불릴 만큼 창작 환경을 새롭게 바꾸고 있다.

AI는 패션 디자인 과정에서 새로운 아이디어를 발견하는 도구로 활용되고 있다. AI는 과거 패션 컬렉션, 디자인 패턴, 색상 조합, 소비자 선호도 등 방대한 데이터를 분석하여 다양한 디자인 조합을 제안할 수 있다. 디자이너는 이러한 분석 결과를 참고하여 새로운 스타일을 탐색하거나 디자인 방향을 설정하는 데 도움을 받을 수 있다. 이러한 기술은 디자인 초기 단계에서 창의적인 아이디어를 확장하는 역할을 한다.

또한 AI는 패션 트렌드 분석에서도 중요한 역할을 한다. 패션 산업에서는 소비자의 취향과 유행의 변화를 빠르게 파악하는 것이 매우 중요하다. AI는 온라인 쇼핑 데이터, SNS 이미지, 패션 관련 콘텐츠 등을 분석하여 어떤 스타일과 색상이 인기를 얻고 있는지 파악할 수 있다. 이러한 분석은 디자이너가 다음 시즌 컬렉션을 기획하는 데 중요한 참고 자료가 된다.

패션 제작 과정에서도 AI 기술은 활용되고 있다. 디지털 디자인 시스템에서는 AI가 패턴 설계와 소재 분석을 도와주며 가상 시뮬레이션을 통해 옷의 형태와 착용감을 미리 확인할 수 있다. 이를 통해 실제 샘플 제작 과정을 줄이고 디자인 개발 시간을 단축할 수 있다.

그러나 패션 디자인의 본질은 단순한 데이터 분석이나 기술만으로 완성되지 않는다. 패션은 인간의 감성과 문화적 표현이 결합된 창작 활동이기 때문이다. 시대의 분위기와 사회적 메시지를 담은 디자인을 만들어 내는 일은 디자이너의 철학과 창의적인 상상력에서 비롯된다. AI는 디자인을 보조하고 다양한 가능성을 제시할 수 있지만, 새로운 스타일을 창조하고 패션의 방향을 제시하는 역할은 인간 디자이너의 영역이다.

따라서 패션 디자이너의 AI 혁명은 디자이너를 대체하는 변화가 아니라 디자이너의 창의성을 확장하는 변화라고 할 수 있다. AI는 데이터 분석과 디자인 지원 도구로 활용되고, 디자이너는 감성과 창의력을 통해 패션의 새로운 흐름을 만들어 간다. 앞으로의 패션 디자이너는 예술적 감각과 함께 AI 기술을 활용할 수 있는 능력을 갖춘 새로운 형태의 창작자로 발전하게 될 것이다. 이러한 변화 속에서 패션 디자이너는 기술과 예술을 결합하여 더욱 혁신적인 패션 문화를 만들어 가는 중요한 역할을 계속 수행하게 될 것이다.

50. 미용사의 AI 혁명

**AI 헤어 스타일 분석과 얼굴형 데이터
기술은 고객에게 어울리는 스타일을
더욱 정확하게 추천해 준다.**

 사람의 외모와 이미지를 아름답게 가꾸는 직업 가운데 가장 친숙한 직업이 바로 미용사이다. 미용사는 헤어 스타일을 디자인하고 머리카락을 관리하며 고객의 개성과 이미지를 표현하는 역할을 한다. 헤어 스타일은 단순한 외모 변화가 아니라 사람의 분위기와 자신감을 바꾸는 중요한 요소가 되기도 한다. 오랫동안 미용 기술은 미용사의 손기술과 경험, 그리고 고객의 얼굴형과 분위기를 읽는 감각에 의해 발전해 왔다. 그러나 최근 인공지능(AI) 기술의 발전은 미용 산업에도 새로운 변화를 가져오고

있으며, 이러한 변화는 '미용사의 AI 혁명'이라고 불릴 만큼 미용 서비스의 방식과 환경을 변화시키고 있다.

AI는 미용 서비스에서 고객 맞춤형 스타일을 제안하는 데 중요한 역할을 하고 있다. 스마트 미용 시스템에서는 고객의 얼굴형, 피부 톤, 머리카락 상태 등을 분석하여 가장 잘 어울리는 헤어 스타일을 추천할 수 있다. 고객은 AI 기반 가상 스타일링 시스템을 통해 실제로 머리를 자르기 전에 다양한 헤어 스타일을 미리 확인할 수 있으며, 이를 통해 자신에게 어울리는 스타일을 보다 쉽게 선택할 수 있다.

또한 AI는 미용 산업의 고객 관리와 서비스 개선에도 활용되고 있다. 미용실에서는 고객의 방문 기록, 선호 스타일, 시술 이력 등을 분석하여 맞춤형 서비스를 제공할 수 있다. 예를 들어 고객이 선호하는 스타일이나 컬러를 기억하여 다음 방문 시 적절한 스타일을 추천하는 방식이다. 이러한 기술은 고객 만족도를 높이고 미용 서비스의 품질을 향상시키는 데 도움을 준다.

헤어 관리 제품 개발과 두피 분석 분야에서도 AI 기술이 활용되고 있다. AI 기반 두피 분석 시스템은 고객의 두피 상태와 모발 건강을 분석하여 필요한 관리 방법이나 제품을 제안할 수 있다. 이러한 기술은 보다 과학적인 헤어 관리 서비스를 제공하는 데 중요한 역할을 한다.

그러나 미용의 본질은 단순한 데이터 분석이나 기술만으로 이루어지지 않는다. 고객의 얼굴형과 분위기, 생활 스타일을 고려하여 가장 어울리는 스타일을 만들어 내는 일은 미용사의 감각과 경험이 필요한 영역이다. 또한 고객과의 대화를 통해 원하는 스타일을 이해하고 섬세한 손기술로 머리를 디자인하는 과정은 인간 미용사의 중요한 전문성이다.

따라서 미용사의 AI 혁명은 미용사를 대체하는 변화가 아니라 미용사의 능력을 확장하는 변화라고 할 수 있다. AI는 고객 데이터를 분석하고 스타일 선택을 돕는 도구로 활용되며, 미용사는 자신의 기술과 감각을 통해 고객에게 가장 아름다운 스타일을 완성하는 역할을 수행하게 된다. 앞으로의 미용사는 전통적인 미용 기술과 함께 AI 기술을 활용하는 새로운 형태의 전문가로 발전하게 될 것이다. 이러한 변화 속에서 미용사는 기술과 감성을 결합하여 사람들의 아름다움을 더욱 풍부하게 표현하는 중요한 역할을 계속 수행하게 될 것이다.

51. 피부 관리사의 AI 혁명

AI 피부 분석 기술은 피부 상태와 문제점을 정밀하게 파악해 맞춤형 관리 프로그램을 제안한다.

피부는 인간의 건강과 아름다움을 보여 주는 중요한 신체 기관이다. 사람들은 건강하고 깨끗한 피부를 유지하기 위해 다양한 관리와 치료를 받으며, 이러한 피부 관리를 전문적으로 담당하는 직업이 바로 피부 관리사이다. 피부 관리사는 피부 상태를 분석하고 적절한 관리 방법을 제시하며 마사지, 보습 관리, 피부 개선 프로그램 등을 통해 고객의 피부 건강을 돕는다. 오랫동안 피부 관리는 관리사의 경험과 관찰 능력, 그리고 다양한 관리 기술을 바탕으로 이루어져 왔다. 그러나 최근 인공지능

(AI) 기술의 발전은 피부 관리 산업에도 새로운 변화를 가져오고 있으며, 이러한 변화는 '피부 관리사의 AI 혁명'이라고 불릴 만큼 피부 관리 방식과 서비스 환경을 변화시키고 있다.

AI는 피부 분석 기술에서 중요한 역할을 하고 있다. 과거에는 피부 상태를 육안으로 관찰하거나 간단한 장비를 통해 분석하는 방식이 일반적이었지만, 최근에는 AI 기반 피부 분석 시스템이 등장하여 피부 상태를 보다 정밀하게 파악할 수 있게 되었다. AI는 얼굴 이미지를 분석하여 피부 수분 상태, 모공 상태, 색소 침착, 주름 등의 정보를 분석하고 개인의 피부 상태에 맞는 관리 방법을 제시할 수 있다.

또한 AI는 피부 관리 프로그램을 개인 맞춤형으로 설계하는데에도 활용되고 있다. 고객의 피부 상태와 생활 습관, 환경 요인 등을 분석하여 가장 적합한 관리 프로그램이나 화장품을 추천하는 시스템이 등장하고 있다. 이러한 기술은 고객에게 보다 과학적이고 체계적인 피부 관리 서비스를 제공하는 데 도움을 준다.

피부 관리 산업에서는 고객 데이터 관리에서도 AI 기술이 활용되고 있다. 고객의 피부 변화 기록과 관리 이력을 분석하여 장기적인 피부 관리 계획을 세울 수 있으며, 관리 효과를 보다 정확하게 확인할 수 있다. 이를 통해 고객은 자신의 피부 상태를 지속적으로 관리할 수 있게 된다.

그러나 피부 관리의 핵심은 단순한 데이터 분석이나 기계적인 관리만으로 이루어지지 않는다. 고객의 피부 상태를 직접 확인하고 손으로 관리하며 세심하게 피부 반응을 살피는 과정은 피부 관리사의 경험과 감각이 필요한 영역이다. 또한 고객의 생활 습관과 피부 고민을 이해하고 적절한 상담을 제공하는 인간적인 서비스 역시 중요한 요소이다.

따라서 피부 관리사의 AI 혁명은 피부 관리사를 대체하는 변화가 아니라 피부 관리 서비스를 더욱 전문적이고 효과적으로 발전시키는 변화라고 할 수 있다. AI는 피부 데이터를 분석하고 관리 방향을 제시하는 역할을 하며, 피부 관리사는 전문적인 기술과 경험을 통해 고객의 피부 건강을 직접 관리하는 역할을 수행하게 된다. 앞으로의 피부 관리사는 전통적인 관리 기술과 함께 AI 기반 피부 분석 기술을 활용하는 새로운 형태의 전문가로 발전하게 될 것이다. 이러한 변화 속에서 피부 관리사는 기술과 인간의 섬세한 관리가 결합된 피부 케어 서비스를 제공하며 사람들의 건강한 아름다움을 지켜 나가는 중요한 역할을 계속 수행하게 될 것이다.

52. 약사의 AI 혁명

**AI 의약품 분석과 처방 데이터 시스템
은 약물 상호작용과 복용 정보를 더욱
정확하게 관리하도록 돕는다.**

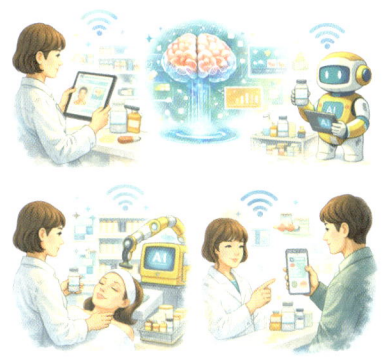

　사람의 건강을 지키는 의료 분야에서 중요한 역할을 하는 직업 가운데 하나가 바로 약사이다. 약사는 의사가 처방한 약을 정확하게 조제하고 환자에게 약의 복용 방법과 주의 사항을 안내하는 전문 의료인이다. 또한 약물의 성분과 작용을 이해하고 환자의 상태에 맞는 약물 상담을 제공하는 역할도 수행한다. 오랫동안 약사의 업무는 의약품에 대한 전문 지식과 정확한 조제 능력을 기반으로 이루어져 왔다. 그러나 최근 인공지능(AI) 기술의 발전은 약학 분야에도 새로운 변화를 가져오고 있으며, 이

러한 변화는 '약사의 AI 혁명'이라고 불릴 만큼 약국 업무와 의약품 관리 환경을 변화시키고 있다.

AI는 의약품 데이터 분석에서 중요한 역할을 하고 있다. 약물에는 다양한 성분과 작용이 존재하며 환자의 건강 상태나 복용 중인 다른 약과의 상호 작용을 고려해야 한다. AI는 방대한 의약품 데이터와 임상 정보를 분석하여 약물 상호 작용이나 부작용 가능성을 빠르게 확인할 수 있다. 이를 통해 약사는 보다 안전한 약물 상담을 제공할 수 있게 된다.

또한 AI는 약국 운영과 조제 과정에서도 활용되고 있다. 자동 조제 시스템과 AI 기반 약품 관리 시스템은 처방전에 따라 약을 정확하게 분류하고 조제하는 과정을 지원한다. 이러한 기술은 조제 과정에서 발생할 수 있는 오류를 줄이고 약국 업무의 효율성을 높이는 데 도움을 준다.

의약품 연구 개발 분야에서도 AI 기술은 중요한 역할을 하고 있다. AI는 다양한 화학 데이터와 생물학적 정보를 분석하여 새로운 약물 후보 물질을 발견하거나 약물의 효과를 예측하는 데 활용되고 있다. 이러한 기술은 신약 개발 과정을 빠르게 하고 의학 연구의 가능성을 확대하는 데 기여하고 있다.

그러나 약사의 역할은 단순한 약물 조제만으로 이루어지지 않는다. 환자의 건강 상태와 생활 습관을 이해하고 약 복용에 대한 상담을 제공하는 일은 인간 약사의 전문성과 공감 능력이 필요한 영역이다. 또한 환자의 질문에 대해 신뢰를 바탕으로 설명하고 건강 관리를 돕는 과정은 인간적인 소통이 중요한 부분이다.

따라서 약사의 AI 혁명은 약사를 대체하는 변화가 아니라 약사의 전문성을 더욱 강화하는 변화라고 할 수 있다. AI는 의약품 데이터를 분석하고 조제 과정을 지원하며, 약사는 환자 상담과 건강 관리 지도를 담당하는 역할을 수행하게 된다. 앞으로의 약사는 약학 지식뿐만 아니라 AI 기반 의약품 정보 시스템을 활용하는 능력을 갖춘 새로운 형태의 의료 전문가로 발전하게 될 것이다. 이러한 변화 속에서 약사는 기술과 인간의 의료 서비스를 연결하며 환자의 건강을 지키는 중요한 역할을 계속 수행하게 될 것이다.

53. 간호사의 AI 혁명

AI 환자 모니터링 시스템과 의료 데이터 분석은 환자의 상태를 실시간으로 파악하고 빠른 대응을 가능하게 한다.

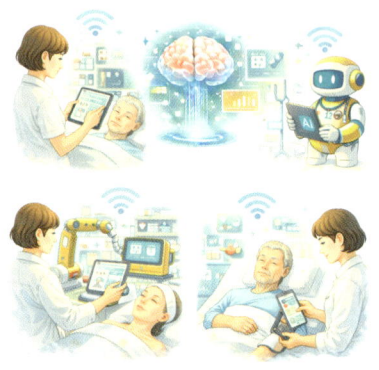

의료 현장에서 환자와 가장 가까이에서 호흡하는 직업은 바로 간호사이다. 간호사는 환자의 상태를 지속적으로 관찰하고, 치료 과정 전반을 지원하며, 환자와 가족에게 심리적 안정을 제공하는 중요한 역할을 수행한다. 오랫동안 간호 업무는 높은 전문성과 함께 많은 노동과 책임이 요구되는 직업으로 인식되어 왔다. 그러나 최근 인공지능(AI) 기술의 발전은 간호 업무에도 새로운 변화를 가져오고 있다. 이 변화는 단순한 업무 보조를 넘어 간호사의 역할과 의료 시스템의 구조를 새롭게 바꾸는 '간

호사의 AI 혁명'이라고 할 수 있다.

AI 기술은 간호 현장에서 다양한 방식으로 활용되고 있다. 대표적인 사례가 환자 모니터링 시스템이다. 병원에서는 AI 기반의 스마트 모니터링 장비를 통해 환자의 심박수, 호흡, 체온, 혈압 등 생체 신호를 실시간으로 분석할 수 있다. 이러한 시스템은 환자의 상태 변화를 자동으로 감지하여 위험 신호가 나타나면 즉시 의료진에게 알림을 보내준다. 덕분에 간호사는 더 빠르게 환자의 상태를 파악하고 필요한 조치를 취할 수 있게 되었다.

또한 AI는 간호사의 업무 부담을 줄이는 데에도 큰 역할을 한다. 간호 기록 작성, 환자 데이터 정리, 약물 투약 관리 등 반복적인 행정 업무를 AI 시스템이 지원하면서 간호사는 보다 본질적인 간호 활동에 집중할 수 있게 된다. 이는 환자와의 소통 시간을 늘리고 보다 세심한 돌봄을 제공하는 데 도움을 준다.

병원 운영 측면에서도 AI는 간호 인력 관리와 병상 운영에 활용되고 있다. AI는 환자 입원율과 치료 기간 등을 분석하여 병상 배치를 최적화하고, 간호 인력의 근무 스케줄을 효율적으로 조정하는 데 도움을 준다. 이러한 시스템은 의료 현장의 과중한 업무를 완화하고 의료 서비스의 효율성을 높이는 데 중요한 역할을 한다.

그러나 간호의 본질은 단순한 기술이나 데이터로 설명할 수 없는 영역에 있다. 환자의 불안과 두려움을 이해하고, 따뜻한 말 한마디로 마음을 위로하며, 환자의 삶을 함께 지지하는 돌봄의 역할은 인공지능이 대신할 수 없는 부분이다. AI는 정보를 분석하고 경고를 보내는 역할을 할 수 있지만, 환자의 손을 잡아주고 희망을 전하는 것은 결국 인간 간호사의 몫이다.

따라서 간호사의 AI 혁명은 간호사를 대체하는 기술 혁명이 아니라, 간호의 가치를 더욱 강화하는 혁명이라고 할 수 있다. AI가 반복적이고 기술적인 업무를 담당할수록 간호사는 인간 중심의 돌봄과 전문적 판단에 더 집중할 수 있게 된다. 앞으로의 간호사는 첨단 기술과 따뜻한 인간적 돌봄을 동시에 갖춘 새로운 의료 전문가로 발전하게 될 것이다. 이러한 변화 속에서 간호사는 의료 현장의 중심에서 AI와 함께 미래 의료를 만들어가는 중요한 주역이 될 것이다.

54. 치과 의사의 AI 혁명

**AI 치아 영상 분석과 진단 시스템은
충치와 치주 질환을 더욱 빠르고 정확
하게 발견하도록 돕고 있다.**

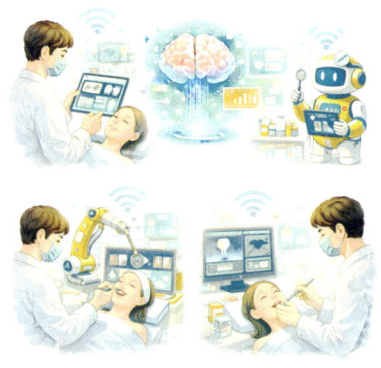

치아 건강은 인간의 삶의 질과 직결되는 중요한 요소이다. 음식을 씹고 말을 하며 미소를 짓는 모든 과정에는 건강한 치아와 구강 상태가 필요하다. 이러한 구강 건강을 관리하고 치료하는 전문 의료인이 바로 치과 의사이다. 치과 의사는 충치 치료, 치아 교정, 임플란트 시술, 잇몸 질환 치료 등 다양한 진료를 통해 환자의 구강 건강을 지키는 역할을 수행한다. 오랫동안 치과 치료는 의사의 경험과 진단 능력, 그리고 정밀한 치료 기술을 기반으로 이루어져 왔다. 그러나 최근 인공지능(AI) 기술의 발전

은 치과 의료 환경에도 새로운 변화를 가져오고 있으며, 이러한 변화는 '치과 의사의 AI 혁명'이라고 불릴 만큼 치과 진료 방식에 큰 영향을 미치고 있다.

AI는 치과 진단 과정에서 중요한 역할을 하고 있다. 치과에서는 X-ray나 3D 구강 촬영 장비를 통해 환자의 치아와 잇몸 상태를 확인하는데, AI는 이러한 영상 데이터를 분석하여 충치, 잇몸 질환, 치아 손상 등을 빠르게 발견할 수 있다. AI는 미세한 변화까지 분석할 수 있기 때문에 초기 단계의 질환을 발견하는 데 도움을 줄 수 있으며, 이를 통해 보다 빠른 치료가 가능해진다.

또한 AI는 치료 계획을 세우는 과정에서도 활용되고 있다. 치아 교정이나 임플란트 시술과 같은 치료는 매우 정밀한 계획이 필요하다. AI는 환자의 구강 구조와 치아 배열 데이터를 분석하여 가장 적절한 치료 방법과 시술 위치를 제안할 수 있다. 이러한 기술은 치료의 정확성을 높이고 환자에게 더 안정적인 치료 결과를 제공하는 데 도움을 준다.

치과 장비와 치료 과정에서도 AI 기술은 활용되고 있다. 디지털 치과 시스템에서는 AI가 치아 모형 데이터를 분석하여 보철물 제작을 돕거나 치료 과정을 시뮬레이션하여 보다 정밀한 치료가 가능하도록 지원한다. 이러한 기술은 치료 시간을 줄이고 환자의 편의성을 높이는 데 기여한다.

그러나 치과 치료의 핵심은 단순한 기술이나 데이터 분석만으로 이루어지지 않는다. 환자의 상태를 종합적으로 판단하고 치료 과정에서 발생할 수 있는 다양한 상황에 대응하는 일은 치과 의사의 경험과 전문성이 필요한 영역이다. 또한 환자의 불안감을 이해하고 신뢰를 형성하는 인간적인 소통 역시 중요한 요소이다.

따라서 치과 의사의 AI 혁명은 치과 의사를 대체하는 변화가 아니라 치과 의료의 정확성과 효율성을 높이는 변화라고 할 수 있다. AI는 영상 분석과 치료 계획을 지원하는 도구로 활용되고, 치과 의사는 전문적인 판단과 치료 기술을 통해 환자의 구강 건강을 관리하는 역할을 수행하게 된다. 앞으로의 치과 의사는 치의학 지식과 함께 AI 기반 의료 기술을 활용하는 새로운 형태의 의료 전문가로 발전하게 될 것이다. 이러한 변화 속에서 치과 의사는 기술과 인간의 의료 서비스를 결합하여 환자의 건강한 미소를 지켜 나가는 중요한 역할을 계속 수행하게 될 것이다.

55. 수의사의 AI 혁명

AI 동물 건강 데이터 분석과 영상 진단 기술은 질병을 빠르고 정확하게 발견하는 데 도움을 준다.

동물은 인간과 함께 살아가는 중요한 생명체이며, 반려동물에서부터 가축, 야생동물에 이르기까지 다양한 형태로 인간 사회와 관계를 맺고 있다. 이러한 동물들의 건강을 관리하고 질병을 치료하는 전문 직업이 바로 수의사이다. 수의사는 동물의 질병을 진단하고 치료하며 예방 접종과 건강 관리를 통해 동물의 삶의 질을 높이는 역할을 수행한다. 특히 최근에는 반려동물을 가족처럼 생각하는 문화가 확산되면서 수의사의 역할과 중요성도 더욱 커지고 있다. 그러나 최근 인공지능(AI) 기술의 발전은

동물 의료 분야에도 새로운 변화를 가져오고 있으며, 이러한 변화는 '수의사의 AI 혁명'이라고 불릴 만큼 수의학 진료 환경을 변화시키고 있다.

AI는 동물 질병 진단 과정에서 중요한 도구로 활용되고 있다. 동물 병원에서는 X-ray, 초음파, 혈액 검사 등 다양한 검사 결과를 통해 질병을 진단하는데, AI는 이러한 의료 데이터를 분석하여 질병의 가능성을 빠르게 파악할 수 있다. 특히 영상 분석 기술은 동물의 내부 장기 상태나 뼈의 이상을 보다 정확하게 확인하는 데 도움을 줄 수 있다. 이러한 기술은 질병을 조기에 발견하고 치료의 정확성을 높이는 데 기여한다.

또한 AI는 동물 건강 관리 분야에서도 활용되고 있다. 반려동물의 활동량, 식습관, 수면 패턴 등을 기록하는 스마트 기기와 연동된 AI 시스템은 동물의 건강 상태를 지속적으로 분석할 수 있다. 이러한 데이터는 수의사가 동물의 건강 변화를 보다 정확하게 파악하고 예방 중심의 진료를 제공하는 데 도움을 준다.

축산 분야에서도 AI 기술은 중요한 역할을 하고 있다. 가축의 건강 상태와 성장 데이터를 분석하여 질병 발생 가능성을 예측하고 사육 환경을 관리하는 시스템이 개발되고 있다. 이러한 기술은 가축의 건강을 유지하고 축산 생산성을 높이는 데 기여하고 있다.

그러나 동물 진료의 본질은 단순한 데이터 분석만으로 이루어지지 않는다. 동물은 인간과 달리 자신의 증상을 말로 표현할 수 없기 때문에 수의사는 행동 변화와 신체 상태를 세심하게 관찰하여 질병을 판단해야 한다. 또한 보호자와의 상담을 통해 동물의 생활 환경과 건강 상태를 이해하는 과정도 매우 중요하다.

따라서 수의사의 AI 혁명은 수의사를 대체하는 변화가 아니라 동물 의료의 정확성과 효율성을 높이는 변화라고 할 수 있다. AI는 의료 데이터를 분석하고 건강 관리 정보를 제공하는 역할을 하며, 수의사는 전문적인 진단과 치료를 통해 동물의 건강을 직접 관리하는 역할을 수행하게 된다. 앞으로의 수의사는 수의학 지식뿐만 아니라 AI 기반 의료 기술을 활용하는 새로운 형태의 전문가로 발전하게 될 것이다. 이러한 변화 속에서 수의사는 기술과 인간의 돌봄이 결합된 동물 의료 서비스를 제공하며 인간과 동물이 함께 건강하게 살아가는 사회를 만드는 중요한 역할을 계속 수행하게 될 것이다.

56. 연구원의 AI 혁명

AI 데이터 분석과 시뮬레이션 기술은
방대한 연구 자료를 빠르게 분석해 새
로운 발견의 가능성을 넓히고 있다.

　인류의 지식과 기술 발전을 이끄는 중심에는 연구원이 있다.
연구원은 자연과 사회 현상을 탐구하고 새로운 이론과 기술을
개발하며 인류의 삶을 더욱 발전시키는 역할을 수행한다. 과학,
의학, 공학, 사회과학 등 다양한 분야에서 연구원들은 실험과
분석을 통해 새로운 발견을 만들어 내고 미래 사회의 기반을 마
련한다. 오랫동안 연구 활동은 가설을 세우고 실험을 수행하며
데이터를 분석하는 과정으로 이루어져 왔다. 이러한 과정에는
많은 시간과 노력이 필요했으며 연구자의 경험과 통찰력이 매

우 중요한 역할을 했다. 그러나 최근 인공지능(AI) 기술의 발전은 연구 환경에도 큰 변화를 가져오고 있으며, 이러한 변화는 '연구원의 AI 혁명'이라고 불릴 만큼 연구 방식 자체를 바꾸고 있다.

AI는 방대한 데이터를 분석하는 능력을 통해 연구 활동을 크게 변화시키고 있다. 현대 연구에서는 실험과 관측을 통해 매우 많은 양의 데이터가 생성되는데, 이러한 데이터를 사람이 모두 분석하는 것은 쉽지 않다. AI는 대규모 데이터를 빠르게 분석하여 숨겨진 패턴을 발견하고 연구자가 주목해야 할 중요한 결과를 찾아내는 데 도움을 준다. 이러한 기술은 연구 속도를 높이고 새로운 발견의 가능성을 넓혀 준다.

또한 AI는 연구 설계 과정에서도 활용되고 있다. 연구원은 가설을 검증하기 위해 다양한 실험을 설계해야 하는데, AI는 기존 연구 데이터와 이론을 분석하여 가장 효율적인 실험 방법을 제안할 수 있다. 이러한 기술은 연구 과정의 시행착오를 줄이고 보다 정확한 연구 결과를 얻는 데 도움을 준다.

의학, 생명과학, 물리학, 환경 연구 등 다양한 분야에서도 AI의 활용이 확대되고 있다. 예를 들어 신약 개발 연구에서는 AI가 화학 구조와 생물학적 데이터를 분석하여 새로운 약물 후보를 찾는 데 활용되고 있으며, 천문학에서는 우주 관측 데이터를 분석하여 새로운 천체를 발견하는 데에도 AI 기술이 사용되고 있다.

그러나 연구의 본질은 단순한 데이터 분석이나 계산만으로 이루어지지 않는다. 새로운 질문을 제기하고 기존의 지식을 넘어서는 가설을 세우는 일은 연구자의 창의적인 사고와 호기심에서 비롯된다. 또한 연구 결과의 의미를 해석하고 사회에 어떤 영향을 미칠지 고민하는 과정 역시 인간 연구자의 중요한 역할이다.

따라서 연구원의 AI 혁명은 연구원을 대체하는 변화가 아니라 연구 활동의 가능성을 더욱 확장하는 변화라고 할 수 있다. AI는 데이터 분석과 실험 설계를 지원하는 도구로 활용되고, 연구원은 창의적인 질문과 새로운 지식을 탐구하는 역할을 수행하게 된다. 앞으로의 연구원은 전문 분야의 지식뿐만 아니라 AI와 데이터 분석 기술을 함께 활용하는 새로운 형태의 연구자로 발전하게 될 것이다. 이러한 변화 속에서 연구원은 기술과 인간의 지식을 결합하여 인류의 미래를 밝히는 중요한 역할을 계속 수행하게 될 것이다.

57. 교수의 AI 혁명

AI 교육 분석과 연구 지원 시스템은 학습 데이터를 분석하고 연구 자료 탐색을 더욱 효율적으로 만든다.

대학은 지식을 연구하고 다음 세대에 전달하는 중요한 교육 기관이다. 그리고 그 중심에서 학문을 연구하고 학생들을 가르치는 역할을 하는 사람이 바로 교수이다. 교수는 자신의 전문 분야에서 새로운 지식을 탐구하고 연구 성과를 사회와 공유하며 학생들에게 학문적 사고와 지식을 전달하는 역할을 수행한다. 오랫동안 대학 교육은 강의와 토론, 연구 활동을 중심으로 이루어져 왔다. 교수의 연구 경험과 학문적 통찰은 대학 교육의 핵심적인 가치로 여겨져 왔다. 그러나 최근 인공지능(AI) 기술

의 발전은 대학 교육과 연구 환경에도 큰 변화를 가져오고 있으며, 이러한 변화는 '교수의 AI 혁명'이라고 불릴 만큼 교육 방식과 연구 활동에 새로운 가능성을 열고 있다.

AI는 대학 교육에서 학습 지원 도구로 활용되고 있다. AI 기반 학습 시스템은 학생들의 학습 데이터를 분석하여 이해도가 부족한 부분을 파악하고 맞춤형 학습 자료를 제공할 수 있다. 교수는 이러한 정보를 통해 학생들의 학습 상태를 보다 정확하게 이해하고 효과적인 교육 방법을 설계할 수 있다. 이는 교육의 개인화를 가능하게 하여 학생들이 자신의 속도에 맞게 학습할 수 있도록 돕는다.

또한 AI는 연구 활동에서도 중요한 역할을 하고 있다. 교수들은 연구 과정에서 방대한 학술 자료와 데이터를 분석해야 하는데, AI는 논문 데이터와 연구 자료를 빠르게 분석하여 연구자가 참고할 수 있는 정보를 제공할 수 있다. 이를 통해 연구의 효율성이 높아지고 새로운 연구 아이디어를 발견하는 데 도움을 받을 수 있다.

대학 행정과 학습 관리에서도 AI 기술은 활용되고 있다. 강의 자료 관리, 과제 분석, 학습 성과 평가 등 다양한 교육 관리 업무를 AI가 지원함으로써 교수는 교육과 연구에 더 많은 시간을 집중할 수 있게 된다. 이러한 기술은 대학 교육의 효율성을 높이고 새로운 교육 환경을 만들어 가고 있다.

그러나 교육의 본질은 단순한 정보 전달만으로 이루어지지 않는다. 교수는 학생들에게 지식을 전달하는 것뿐만 아니라 비판적 사고와 창의적인 문제 해결 능력을 길러 주는 역할을 한다. 또한 학생들과의 토론과 상담을 통해 학문적 성장과 진로 방향을 함께 고민하는 멘토의 역할도 수행한다. 이러한 교육적 관계는 인간 교수의 경험과 인격에서 비롯되는 중요한 가치이다.

따라서 교수의 AI 혁명은 교수를 대체하는 변화가 아니라 교수의 교육과 연구 활동을 더욱 확장하는 변화라고 할 수 있다. AI는 데이터 분석과 학습 지원을 담당하고, 교수는 학문적 통찰과 교육적 지도력을 통해 학생들의 성장을 이끄는 역할을 수행하게 된다. 앞으로의 교수는 전문 학문 지식뿐만 아니라 AI 기술을 활용한 교육 방법을 이해하는 새로운 형태의 교육자로 발전하게 될 것이다. 이러한 변화 속에서 교수는 기술과 인간의 교육 가치를 연결하며 미래 사회의 지식을 만들어 가는 중요한 역할을 계속 수행하게 될 것이다.

58. 교육 기술 전문가의 AI 혁명

AI 학습 분석과 교육 플랫폼 기술은
학생들의 학습 데이터를 기반으로 맞
춤형 교육 환경을 구축하도록 돕는다.

교육은 인류 사회의 발전을 이끄는 가장 중요한 기반 가운데
하나이다. 지식과 경험을 다음 세대에 전달하는 과정은 사회의
지속적인 발전을 가능하게 한다. 이러한 교육 환경을 더욱 효과
적으로 만들기 위해 교육과 기술을 결합하는 역할을 하는 직업
이 바로 교육 기술 전문가이다. 교육 기술 전문가는 교육 과정
에 다양한 기술을 도입하여 학습 환경을 개선하고 학생들이 보
다 효율적으로 학습할 수 있도록 돕는 역할을 수행한다. 온라인
학습 시스템, 디지털 교재, 학습 관리 시스템 등 다양한 교육 기

술이 이러한 전문가들의 연구와 개발을 통해 발전해 왔다. 그러나 최근 인공지능(AI) 기술의 발전은 교육 기술 분야에도 새로운 변화를 가져오고 있으며, 이러한 변화는 '교육 기술 전문가의 AI 혁명'이라고 불릴 만큼 교육 환경을 크게 변화시키고 있다.

AI는 교육 기술 분야에서 학습 데이터를 분석하는 핵심 기술로 활용되고 있다. 학습 과정에서는 학생들의 학습 기록, 문제 풀이 결과, 학습 시간 등 다양한 데이터가 생성되는데, AI는 이러한 데이터를 분석하여 학생의 이해 수준과 학습 패턴을 파악할 수 있다. 이를 통해 학생 개인에게 맞는 학습 콘텐츠와 학습 방법을 제공하는 맞춤형 학습 환경을 구축할 수 있다.

또한 AI는 교육 콘텐츠 개발에도 활용되고 있다. AI 기반 콘텐츠 제작 시스템은 다양한 학습 자료와 데이터를 분석하여 새로운 학습 자료를 생성하거나 학습 내용을 이해하기 쉽게 정리하는 데 도움을 줄 수 있다. 이러한 기술은 교사와 교육 기관이 보다 다양한 교육 자료를 활용할 수 있도록 지원한다.

온라인 교육 환경에서도 AI 기술은 중요한 역할을 한다. AI 튜터 시스템은 학생의 질문에 즉시 답변하고 학습 진행 상황을 안내하는 역할을 수행한다. 또한 학습 관리 시스템과 연동된 AI는 학습자의 학습 참여도와 성취도를 분석하여 교육 과정의 개선 방향을 제시할 수 있다.

그러나 교육의 본질은 단순한 기술 시스템만으로 이루어지지 않는다. 교육은 인간과 인간 사이의 상호작용 속에서 이루어지는 활동이며, 학습자의 감정과 동기를 이해하는 과정이 매우 중요하다. 교육 기술은 학습을 지원하는 도구가 될 수 있지만, 학습자의 성장을 이끄는 교육적 관계는 여전히 인간 교사와 교육 전문가의 역할이다.

따라서 교육 기술 전문가의 AI 혁명은 교육 전문가를 대체하는 변화가 아니라 교육 환경을 더욱 발전시키는 변화라고 할 수 있다. AI는 학습 데이터를 분석하고 기술 기반 교육 환경을 지원하며, 교육 기술 전문가는 이러한 기술을 활용하여 보다 효과적인 교육 시스템을 설계하는 역할을 수행하게 된다. 앞으로의 교육 기술 전문가는 교육학과 기술을 함께 이해하는 새로운 형태의 전문가로 발전하게 될 것이다. 이러한 변화 속에서 교육 기술 전문가는 기술과 교육을 연결하며 미래 교육 환경을 만들어 가는 중요한 역할을 계속 수행하게 될 것이다.

59. 유튜버의 AI 혁명

AI 영상 제작 도구와 콘텐츠 분석 기술은 영상 편집과 아이디어 기획을 더욱 빠르고 효율적으로 만들어 준다.

인터넷과 스마트폰의 발전은 누구나 콘텐츠를 만들고 전 세계 사람들과 공유할 수 있는 시대를 열었다. 이러한 변화 속에서 등장한 새로운 직업이 바로 유튜버이다. 유튜버는 영상 콘텐츠를 기획하고 촬영하며 편집하여 온라인 플랫폼을 통해 시청자와 소통하는 콘텐츠 창작자이다. 여행, 요리, 교육, 게임, 리뷰 등 다양한 분야의 콘텐츠가 만들어지며 유튜브는 현대 사회의 중요한 미디어 플랫폼으로 자리 잡았다. 오랫동안 유튜버의 활동은 창의적인 아이디어와 촬영 기술, 그리고 편집 능력에 크

게 의존해 왔다. 그러나 최근 인공지능(AI) 기술의 발전은 콘텐츠 제작 환경에도 큰 변화를 가져오고 있으며, 이러한 변화는 '유튜버의 AI 혁명'이라고 불릴 만큼 콘텐츠 제작 방식과 미디어 환경을 변화시키고 있다.

AI는 영상 제작 과정에서 다양한 역할을 수행하고 있다. 영상 편집 프로그램에서는 AI가 자동으로 장면을 분석하고 필요한 부분을 편집하거나 자막을 생성하는 기능을 제공한다. 이러한 기술은 영상 제작 시간을 크게 줄여 주며 창작자가 콘텐츠의 기획과 아이디어에 더 집중할 수 있도록 돕는다.

또한 AI는 콘텐츠 기획 과정에서도 활용되고 있다. AI는 시청자의 시청 기록과 검색 패턴, 인기 콘텐츠 데이터를 분석하여 어떤 주제와 형식의 콘텐츠가 관심을 끌 수 있는지 예측할 수 있다. 유튜버는 이러한 데이터를 참고하여 새로운 콘텐츠 아이디어를 구상하거나 채널 운영 전략을 세울 수 있다.

AI 기반 음성 합성 기술과 영상 생성 기술도 콘텐츠 제작에 활용되고 있다. 일부 콘텐츠 제작자는 AI를 활용하여 음성 내레이션을 만들거나 다양한 그래픽 요소를 제작하기도 한다. 이러한 기술은 영상 제작의 창의적인 표현 가능성을 더욱 넓혀 주고 있다.

그러나 콘텐츠의 본질은 단순한 기술이나 데이터 분석만으로 완성되지 않는다. 사람들의 관심을 끄는 이야기와 개성 있는 표현, 그리고 시청자와의 진정성 있는 소통은 인간 창작자의 창의성과 감성에서 비롯된다. 유튜버의 매력은 그 사람만의 목소리와 경험, 그리고 시청자와의 관계 속에서 만들어지는 것이다.

따라서 유튜버의 AI 혁명은 유튜버를 대체하는 변화가 아니라 콘텐츠 창작 환경을 더욱 발전시키는 변화라고 할 수 있다. AI는 영상 제작과 데이터 분석을 지원하는 도구로 활용되고, 유튜버는 창의적인 콘텐츠와 인간적인 소통을 통해 채널을 성장시키는 역할을 수행하게 된다. 앞으로의 유튜버는 콘텐츠 제작 능력뿐만 아니라 AI 기술을 활용하여 더욱 다양한 형태의 콘텐츠를 만들어 내는 새로운 형태의 미디어 창작자로 발전하게 될 것이다. 이러한 변화 속에서 유튜버는 기술과 창의성을 결합하여 미래의 디지털 미디어 문화를 만들어 가는 중요한 역할을 계속 수행하게 될 것이다.

60. 웹툰 작가의 AI 혁명

AI 그림 생성과 스토리 보조 기술은
캐릭터 디자인과 배경 작업을 효율적
으로 돕고 창작 시간을 단축시킨다.

디지털 시대의 등장과 함께 새로운 형태의 문화 콘텐츠가 탄생했는데, 그 대표적인 예가 바로 웹툰이다. 웹툰은 인터넷과 모바일 플랫폼을 통해 연재되는 만화로, 전 세계적으로 많은 독자들에게 사랑받고 있는 콘텐츠 산업이다. 웹툰 작가는 이야기를 창작하고 캐릭터를 디자인하며 그림과 연출을 통해 독자들에게 흥미로운 이야기를 전달하는 창작자이다. 오랫동안 웹툰 제작은 작가의 상상력과 그림 실력, 그리고 스토리 구성 능력을 바탕으로 이루어져 왔다. 그러나 최근 인공지능(AI) 기술의 발

전은 웹툰 제작 환경에도 새로운 변화를 가져오고 있으며, 이러한 변화는 '웹툰 작가의 AI 혁명'이라고 불릴 만큼 창작 방식과 제작 과정에 새로운 가능성을 열고 있다.

AI는 웹툰 제작 과정에서 다양한 작업을 지원하는 도구로 활용되고 있다. 웹툰을 제작하기 위해서는 캐릭터 디자인, 배경 작업, 색채 작업, 대사 구성 등 많은 작업이 필요하다. AI 기반 이미지 생성 기술은 배경이나 소품 디자인을 빠르게 제작할 수 있도록 돕고, 색채 작업이나 선 정리와 같은 반복적인 작업을 자동화하는 기능도 제공한다. 이러한 기술은 웹툰 작가가 작업 시간을 효율적으로 활용하도록 돕는다.

또한 AI는 스토리 아이디어를 탐색하는 과정에서도 활용될 수 있다. AI는 다양한 이야기 구조와 캐릭터 설정을 분석하여 새로운 이야기 아이디어를 제시할 수 있으며, 이를 통해 작가는 다양한 창작 방향을 실험해 볼 수 있다. 이러한 도구는 창작 과정에서 영감을 얻는 데 도움을 줄 수 있다.

웹툰 제작 환경에서도 AI 기술은 작업 효율성을 높이고 있다. 컷 구성이나 대사 정리, 번역 작업 등 다양한 과정에서 AI가 지원하면서 웹툰 콘텐츠가 더 빠르게 제작되고 다양한 언어로 확장될 수 있는 환경이 만들어지고 있다.

그러나 웹툰의 본질은 단순한 이미지 제작이나 기술적 도구만으로 이루어지지 않는다. 독자를 웃기고 울리며 이야기에 몰입하게 만드는 힘은 웹툰 작가의 상상력과 감정 표현에서 비롯된다. 캐릭터의 개성과 이야기의 깊이는 인간 창작자의 경험과 감수성에서 탄생한다.

따라서 웹툰 작가의 AI 혁명은 웹툰 작가를 대체하는 변화가 아니라 창작 환경을 확장하는 변화라고 할 수 있다. AI는 제작 과정을 돕고 다양한 아이디어를 제시하는 도구로 활용되며, 웹툰 작가는 이야기와 캐릭터를 창조하는 중심적인 역할을 수행하게 된다. 앞으로의 웹툰 작가는 예술적 감각과 함께 AI 기반 창작 도구를 활용하는 새로운 형태의 콘텐츠 창작자로 발전하게 될 것이다. 이러한 변화 속에서 웹툰 작가는 기술과 상상력을 결합하여 더욱 풍부하고 다양한 디지털 스토리 세계를 만들어 가는 중요한 역할을 계속 수행하게 될 것이다.

61. 화가의 AI 혁명

**AI 이미지 생성과 디지털 창작 도구는
새로운 표현 방식과 다양한 예술 스타
일을 탐구할 수 있도록 돕는다.**

회화는 인간의 감정과 생각을 시각적으로 표현하는 가장 오
래된 예술 형태 가운데 하나이다. 동굴 벽화에서 시작된 그림은
시대와 문화의 변화를 담으며 인간의 삶과 사회를 기록해 왔다.
화가는 색채와 형태, 빛과 구도를 활용하여 자신의 생각과 감정
을 작품으로 표현하는 창작자이다. 오랫동안 화가의 작업은 붓
과 물감, 캔버스를 통해 이루어졌으며, 예술가의 감각과 창의력
은 작품의 핵심 요소로 여겨져 왔다. 그러나 최근 인공지능(AI)
기술의 발전은 미술 창작 환경에도 새로운 변화를 가져오고 있

으며, 이러한 변화는 '화가의 AI 혁명'이라고 불릴 만큼 예술 표현 방식과 창작 과정에 새로운 가능성을 열고 있다.

AI는 화가의 창작 과정에서 새로운 도구로 활용되고 있다. AI 기반 이미지 생성 기술은 다양한 색채 조합과 시각적 스타일을 빠르게 만들어 낼 수 있으며, 화가는 이를 참고하여 새로운 표현 방식을 탐구할 수 있다. 이러한 기술은 예술가가 다양한 구도와 형태를 실험하고 창작 아이디어를 확장하는 데 도움을 준다.

또한 AI는 미술 연구와 작품 분석에서도 활용되고 있다. AI는 수많은 미술 작품 데이터를 분석하여 특정 화풍의 특징이나 색채 사용 패턴을 연구할 수 있다. 이러한 분석은 화가가 예술사의 흐름을 이해하고 새로운 스타일을 탐구하는 데 영감을 제공할 수 있다.

디지털 아트 분야에서도 AI 기술은 중요한 역할을 한다. 디지털 페인팅과 그래픽 작업 과정에서 AI는 색상 보정이나 이미지 편집, 다양한 시각 효과를 생성하는 기능을 제공한다. 이러한 기술은 화가가 창작 과정에서 더 많은 표현 가능성을 탐색하도록 돕는다.

그러나 회화 예술의 본질은 단순한 이미지 생성이나 기술적 기능만으로 이루어지지 않는다. 작품 속에는 화가의 삶의 경험과 감정, 그리고 세상을 바라보는 시선이 담겨 있다. 예술 작품이 사람들에게 감동을 주는 이유는 그 속에 인간의 이야기와 감성이 담겨 있기 때문이다.

따라서 화가의 AI 혁명은 화가를 대체하는 변화가 아니라 예술 창작의 가능성을 확장하는 변화라고 할 수 있다. AI는 창작 과정에서 새로운 아이디어와 기술을 제공하는 도구로 활용되며, 화가는 인간의 감성과 상상력을 바탕으로 작품의 의미를 만들어 내는 역할을 수행하게 된다. 앞으로의 화가는 전통적인 회화 기법과 함께 AI 기반 창작 도구를 활용하는 새로운 형태의 예술가로 발전하게 될 것이다. 이러한 변화 속에서 화가는 기술과 인간의 감성을 결합하여 더욱 풍부하고 다양한 예술 세계를 만들어 가는 중요한 역할을 계속 수행하게 될 것이다.

62. 작가의 AI 혁명

AI 글쓰기 도구와 아이디어 생성 기술은 이야기 구상과 자료 정리를 더욱 빠르고 효율적으로 돕는다.

인간은 오래 전부터 이야기를 통해 생각과 감정을 나누어 왔다. 이러한 이야기를 글로 표현하여 사람들에게 전달하는 사람이 바로 작가이다. 작가는 소설, 에세이, 시, 시나리오, 논픽션 등 다양한 형태의 글을 통해 인간의 삶과 사회의 모습을 기록하고 새로운 상상을 펼친다. 글쓰기는 작가의 경험과 감정, 그리고 세상을 바라보는 시각이 담긴 창작 활동이다. 오랫동안 글쓰기는 작가의 상상력과 언어 능력, 그리고 깊은 사유를 바탕으로 이루어져 왔다. 그러나 최근 인공지능(AI) 기술의 발전은 글쓰

기 환경에도 새로운 변화를 가져오고 있으며, 이러한 변화는 '작가의 AI 혁명'이라고 불릴 만큼 창작 환경을 크게 변화시키고 있다.

AI는 글쓰기 과정에서 새로운 도구로 활용되고 있다. AI 기반 글쓰기 지원 시스템은 작가가 작성한 문장을 분석하여 문장 구조를 다듬거나 새로운 표현을 제안할 수 있다. 또한 다양한 자료와 정보를 빠르게 찾아 정리하는 기능을 통해 작가의 조사 과정도 효율적으로 지원한다. 이러한 기술은 글쓰기의 준비 과정과 편집 과정에서 유용하게 활용되고 있다.

또한 AI는 이야기 아이디어를 확장하는 데에도 도움을 줄 수 있다. 작가는 AI를 활용하여 다양한 이야기 구조나 캐릭터 설정을 탐색할 수 있으며, 이를 통해 새로운 창작 아이디어를 발견하기도 한다. 특히 대량의 문학 작품과 스토리 데이터를 분석한 AI는 특정 장르의 이야기 구조나 표현 방식을 참고 자료로 제공할 수 있다.

출판과 콘텐츠 제작 환경에서도 AI 기술은 활용되고 있다. 디지털 플랫폼에서는 독자의 관심 패턴과 독서 데이터를 분석하여 어떤 유형의 콘텐츠가 많은 관심을 받는지 파악할 수 있으며, 이러한 정보는 작가가 작품 기획을 하는 데 참고 자료가 된다.

그러나 문학과 글쓰기의 본질은 단순한 정보 조합이나 기술만으로 이루어지지 않는다. 한 편의 글에는 작가의 삶의 경험과 감정, 그리고 세상을 바라보는 깊은 사유가 담겨 있다. 독자의 마음을 움직이는 이야기는 인간 작가의 감성과 통찰에서 비롯된다. AI는 문장을 생성하거나 정보를 정리할 수 있지만, 인간의 삶과 감정을 깊이 있게 표현하는 창작의 힘은 인간 작가의 영역이다.

따라서 작가의 AI 혁명은 작가를 대체하는 변화가 아니라 작가의 창작 활동을 확장하는 변화라고 할 수 있다. AI는 글쓰기 과정에서 자료 조사와 편집을 돕는 도구로 활용되고, 작가는 자신의 경험과 상상력을 통해 작품을 완성한다. 앞으로의 작가는 문학적 감성과 함께 AI 기술을 활용하는 새로운 형태의 창작자로 발전하게 될 것이다. 이러한 변화 속에서 작가는 기술과 인간의 이야기를 연결하며 더욱 풍부한 문학 세계를 만들어 가는 중요한 역할을 계속 수행하게 될 것이다.

63. 출판 산업의 AI 혁명

AI 콘텐츠 분석과 자동 편집 기술은
원고 검토와 출판 제작 과정을 더욱 빠
르고 효율적으로 변화시키고 있다.

책은 인류의 지식과 문화를 기록하고 전달하는 가장 오래된
매체 가운데 하나이다. 인쇄술의 발전 이후 출판 산업은 학문과
문화를 확산시키는 중요한 역할을 수행해 왔다. 출판 산업에는
작가, 편집자, 디자이너, 교정 교열 전문가, 마케팅 담당자 등
다양한 직업이 함께 참여하여 한 권의 책을 만들어 낸다. 이러
한 협업을 통해 지식과 이야기가 정리되고 독자들에게 전달된
다. 그러나 최근 인공지능(AI) 기술의 발전은 출판 산업에도 새
로운 변화를 가져오고 있으며, 이러한 변화는 '출판 산업의 AI

혁명'이라고 불릴 만큼 책의 제작과 유통 방식에 큰 영향을 미치고 있다.

AI는 출판 과정에서 편집과 제작 업무를 효율적으로 지원하고 있다. AI 기반 편집 도구는 원고의 문법 오류를 분석하고 문장의 흐름을 점검하여 보다 자연스러운 표현을 제안할 수 있다. 또한 방대한 원고 데이터를 빠르게 정리하고 구조를 분석하는 기능을 통해 편집자의 업무 부담을 줄여 준다. 이러한 기술은 출판 제작 과정의 효율성을 높이고 편집 작업의 정확성을 향상시키는 데 도움을 준다.

또한 AI는 출판 기획과 시장 분석에서도 중요한 역할을 하고 있다. 출판사는 독자의 관심과 시장 흐름을 파악하여 어떤 책을 기획할지 결정해야 하는데, AI는 독서 데이터와 온라인 검색 데이터를 분석하여 독자들이 관심을 가지는 주제와 트렌드를 예측할 수 있다. 이러한 분석은 출판 기획을 보다 체계적으로 만드는 데 도움을 준다.

출판 유통 분야에서도 AI 기술은 활용되고 있다. 온라인 서점과 전자책 플랫폼에서는 AI가 독자의 구매 기록과 독서 취향을 분석하여 개인에게 맞는 책을 추천하는 시스템을 운영하고 있다. 이러한 추천 시스템은 독자가 새로운 책을 발견하는 데 도움을 주고 출판 시장의 활성화에도 기여하고 있다.

그러나 출판의 본질은 단순한 데이터 분석이나 기술만으로 완성되지 않는다. 좋은 책은 인간의 깊은 사유와 경험, 그리고 사회에 대한 통찰에서 탄생한다. 또한 편집자는 원고의 의미와 메시지를 이해하고 독자에게 전달하기 위해 세심한 판단과 감각을 발휘해야 한다. 이러한 창의적인 판단과 문화적 해석은 인간 출판 전문가의 중요한 역할이다.

따라서 출판 산업의 AI 혁명은 출판 종사자를 대체하는 변화가 아니라 출판 환경을 더욱 발전시키는 변화라고 할 수 있다. AI는 데이터 분석과 제작 과정을 지원하고, 출판 전문가들은 책의 가치와 문화적 의미를 만들어 내는 역할을 수행하게 된다. 앞으로의 출판 산업은 기술과 인간의 창의성이 결합된 새로운 형태로 발전하게 될 것이다. 이러한 변화 속에서 출판 산업은 더욱 다양한 지식과 이야기를 세상에 전달하며 문화 발전의 중요한 기반으로 계속 성장하게 될 것이다.

64. 광고 기획자의 AI 혁명

AI 소비자 데이터 분석과 광고 성과
예측 기술은 고객의 관심과 행동을 정
밀하게 파악하도록 돕는다.

    광고는 기업의 제품과 서비스를 소비자에게 알리고 브랜드의
가치를 전달하는 중요한 커뮤니케이션 활동이다. 이러한 광고
를 기획하고 전략을 세우는 사람이 바로 광고 기획자이다. 광고
기획자는 소비자의 관심과 시장의 흐름을 분석하고 창의적인
아이디어를 통해 효과적인 광고 캠페인을 만들어 낸다. 오랫동
안 광고 산업은 기획자의 창의력과 소비자 심리에 대한 이해를
중심으로 발전해 왔다. 그러나 최근 인공지능(AI) 기술의 발전
은 광고 산업에도 새로운 변화를 가져오고 있으며, 이러한 변화

는 '광고 기획자의 AI 혁명'이라고 불릴 만큼 광고 기획 방식과 마케팅 환경을 변화시키고 있다.

AI는 광고 기획 과정에서 데이터 분석 도구로 중요한 역할을 하고 있다. 현대 광고 환경에서는 소비자의 온라인 활동, 검색 기록, 구매 패턴 등 다양한 데이터가 생성되는데, AI는 이러한 데이터를 분석하여 소비자의 관심사와 행동 패턴을 파악할 수 있다. 이를 통해 광고 기획자는 특정 소비자층에 맞는 광고 전략을 보다 정밀하게 설계할 수 있다.

또한 AI는 광고 콘텐츠 제작 과정에서도 활용되고 있다. AI 기반 시스템은 다양한 광고 문구와 이미지 조합을 분석하여 어떤 콘텐츠가 소비자의 관심을 끌 가능성이 높은지 예측할 수 있다. 이러한 분석을 통해 광고 기획자는 효과적인 메시지를 선택하고 광고의 완성도를 높일 수 있다.

광고 운영 과정에서도 AI 기술은 중요한 역할을 한다. 온라인 광고 플랫폼에서는 AI가 광고 성과 데이터를 분석하여 광고 노출 시간과 대상 고객을 자동으로 조정한다. 이를 통해 광고 효율이 높아지고 기업의 마케팅 비용을 보다 효과적으로 사용할 수 있게 된다.

그러나 광고의 본질은 단순한 데이터 분석만으로 이루어지지 않는다. 소비자의 마음을 움직이는 메시지와 감동적인 이야기, 그리고 브랜드의 철학을 전달하는 창의적인 아이디어는 인간 광고 기획자의 감각과 경험에서 비롯된다. 광고는 단순한 정보 전달이 아니라 사람들의 감정을 자극하고 공감을 이끌어 내는 창작 활동이기 때문이다.

따라서 광고 기획자의 AI 혁명은 광고 기획자를 대체하는 변화가 아니라 광고 기획의 가능성을 확장하는 변화라고 할 수 있다. AI는 소비자 데이터를 분석하고 광고 운영을 지원하는 도구로 활용되며, 광고 기획자는 창의적인 아이디어와 전략을 통해 브랜드의 이야기를 만들어 낸다. 앞으로의 광고 기획자는 마케팅 전략과 창의력뿐만 아니라 AI 기술과 데이터 분석 능력을 함께 갖춘 새로운 형태의 전문가로 발전하게 될 것이다. 이러한 변화 속에서 광고 기획자는 기술과 인간의 창의성을 결합하여 미래의 광고 문화를 만들어 가는 중요한 역할을 계속 수행하게 될 것이다.

65. 게임 개발자의 AI 혁명

**AI 게임 설계와 캐릭터 행동 시스템은
더욱 현실적이고 몰입감 있는 게임 환
경을 만들어 준다.**

게임은 현대 디지털 문화에서 중요한 엔터테인먼트 산업으로
자리 잡았다. 사람들은 게임을 통해 즐거움을 느끼고 새로운 세
계를 경험하며 다양한 사람들과 소통하기도 한다. 이러한 게임
세계를 설계하고 만들어 내는 사람이 바로 게임 개발자이다. 게
임 개발자는 게임의 스토리와 시스템을 설계하고 그래픽과 프
로그램을 개발하여 하나의 완성된 게임을 만들어 낸다. 오랫동
안 게임 개발은 개발자의 창의적인 아이디어와 프로그래밍 기
술, 그리고 팀 협력을 통해 이루어져 왔다. 그러나 최근 인공지

능(AI) 기술의 발전은 게임 산업에도 큰 변화를 가져오고 있으며, 이러한 변화는 '게임 개발자의 AI 혁명'이라고 불릴 만큼 게임 제작 환경과 플레이 경험을 변화시키고 있다.

AI는 게임 개발 과정에서 다양한 방식으로 활용되고 있다. 먼저 게임 제작 과정에서 AI는 콘텐츠 제작을 돕는 도구로 사용되고 있다. 게임 세계에는 수많은 캐릭터와 배경, 아이템 등이 필요한데, AI는 이러한 그래픽 요소나 디자인 아이디어를 생성하거나 보조하는 역할을 할 수 있다. 이를 통해 개발자는 더 빠르게 다양한 게임 콘텐츠를 제작할 수 있게 된다.

또한 AI는 게임의 플레이 환경을 더욱 흥미롭게 만드는 역할을 한다. 게임 속 캐릭터나 적의 행동을 제어하는 인공지능 시스템은 플레이어의 행동에 맞추어 반응하며 게임의 몰입감을 높인다. 예를 들어 AI는 플레이어의 전략을 분석하여 게임 난이도를 조절하거나 보다 현실적인 캐릭터 행동을 만들어 낼 수 있다. 이러한 기술은 게임 경험을 더욱 풍부하게 만드는 요소가 된다.

게임 데이터 분석에서도 AI는 중요한 역할을 한다. 온라인 게임에서는 플레이어의 행동 데이터를 분석하여 게임 밸런스를 조정하거나 새로운 콘텐츠 개발 방향을 설정할 수 있다. 이러한 분석은 게임 운영과 업데이트 전략을 수립하는 데 중요한 참고 자료가 된다.

그러나 게임 개발의 핵심은 단순한 기술이나 데이터 분석만으로 이루어지지 않는다. 플레이어에게 감동과 재미를 주는 게임 세계를 만드는 일은 개발자의 창의성과 상상력에서 비롯된다. 독창적인 스토리와 캐릭터, 그리고 플레이 경험을 설계하는 일은 인간 개발자의 감각과 철학이 필요한 영역이다.

따라서 게임 개발자의 AI 혁명은 게임 개발자를 대체하는 변화가 아니라 게임 개발의 가능성을 확장하는 변화라고 할 수 있다. AI는 콘텐츠 제작과 데이터 분석을 지원하는 도구로 활용되고, 개발자는 창의적인 게임 세계와 플레이 경험을 설계하는 역할을 수행하게 된다. 앞으로의 게임 개발자는 프로그래밍 기술과 함께 AI 기술을 활용하는 새로운 형태의 창작자로 발전하게 될 것이다. 이러한 변화 속에서 게임 개발자는 기술과 상상력을 결합하여 더욱 혁신적인 디지털 엔터테인먼트 세계를 만들어 가는 중요한 역할을 계속 수행하게 될 것이다.

66. 애니메이션 제작자의 AI 혁명

AI 영상 생성과 자동 애니메이션 기술
은 캐릭터 움직임과 장면 제작을 더욱
빠르고 효율적으로 만들어 준다.

애니메이션은 상상 속 세계와 이야기를 시각적으로 표현하는 창작 예술이다. 움직이는 그림을 통해 다양한 캐릭터와 이야기를 만들어 내는 애니메이션은 어린이뿐만 아니라 모든 세대에게 사랑받는 콘텐츠 산업으로 발전해 왔다. 이러한 작품을 기획하고 제작하는 사람이 바로 애니메이션 제작자이다. 애니메이션 제작자는 이야기 구성, 캐릭터 디자인, 영상 연출, 제작 관리 등 다양한 과정을 통해 하나의 작품을 완성한다. 오랫동안 애니메이션 제작은 많은 시간과 인력이 필요한 작업이었으며, 수많

은 장면을 손으로 그리거나 정밀한 그래픽 작업을 통해 완성되어 왔다. 그러나 최근 인공지능(AI) 기술의 발전은 애니메이션 제작 환경에도 큰 변화를 가져오고 있으며, 이러한 변화는 '애니메이션 제작자의 AI 혁명'이라고 불릴 만큼 창작 방식과 제작 과정에 새로운 가능성을 열고 있다.

AI는 애니메이션 제작 과정에서 다양한 역할을 수행하고 있다. 특히 캐릭터 움직임과 장면 제작 과정에서 AI는 제작 시간을 크게 단축시키는 기술로 활용되고 있다. AI 기반 애니메이션 시스템은 캐릭터의 움직임을 자동으로 분석하고 자연스러운 동작을 생성할 수 있으며, 반복적인 작업을 줄여 제작 효율을 높여 준다. 이러한 기술은 제작자가 보다 창의적인 연출과 이야기 구성에 집중할 수 있도록 돕는다.

또한 AI는 배경 이미지와 그래픽 요소를 제작하는 과정에서도 활용되고 있다. AI는 다양한 스타일의 이미지를 생성하거나 기존 그래픽 자료를 분석하여 새로운 디자인을 제안할 수 있다. 이를 통해 애니메이션 제작자는 더 다양한 시각적 표현을 시도할 수 있으며 제작 과정의 유연성이 높아진다.

애니메이션 스토리 기획에서도 AI는 보조 도구로 사용되고 있다. AI는 다양한 이야기 구조와 캐릭터 관계를 분석하여 스토리 아이디어를 제안할 수 있으며 제작자는 이를 참고하여 새로운 이야기 방향을 구상할 수 있다. 이러한 기술은 창작 과정에서 아이디어를 확장하는 데 도움을 준다.

그러나 애니메이션의 본질은 단순한 기술이나 자동화 시스템만으로 완성되지 않는다. 캐릭터의 감정과 이야기의 흐름을 설계하고 관객에게 감동을 전달하는 일은 제작자의 창의적인 상상력과 예술적 감각에서 비롯된다. 애니메이션 속 세계를 살아 있는 이야기로 만드는 힘은 인간 창작자의 경험과 감정에서 나온다.

　따라서 애니메이션 제작자의 AI 혁명은 제작자를 대체하는 변화가 아니라 창작 환경을 더욱 확장하는 변화라고 할 수 있다. AI는 제작 과정의 효율을 높이고 다양한 표현 도구를 제공하며, 제작자는 창의적인 이야기와 예술적 연출을 통해 작품을 완성하게 된다. 앞으로의 애니메이션 제작자는 예술적 감각과 함께 AI 기술을 활용하는 새로운 형태의 콘텐츠 창작자로 발전하게 될 것이다. 이러한 변화 속에서 애니메이션 제작자는 기술과 상상력을 결합하여 더욱 풍부한 이야기와 새로운 시각적 세계를 만들어 가는 중요한 역할을 계속 수행하게 될 것이다.

67. 사진 작가의 AI 혁명

AI 이미지 보정과 장면 분석 기술은
촬영 결과를 빠르게 개선하고 다양한
시각적 표현을 가능하게 한다.

사진은 순간을 기록하고 이야기를 전달하는 예술이자 기록의
도구이다. 사진작가는 카메라를 통해 세상의 다양한 장면을 포
착하고 그 속에 담긴 의미와 감정을 표현하는 창작자이다. 풍경
사진, 인물 사진, 다큐멘터리 사진, 광고 사진 등 다양한 분야에
서 사진작가는 빛과 구도, 순간의 타이밍을 활용하여 하나의 이
미지를 완성한다. 오랫동안 사진 예술은 사진작가의 감각과 경
험, 그리고 기술적인 촬영 능력에 의해 발전해 왔다. 그러나 최
근 인공지능(AI) 기술의 발전은 사진 촬영과 이미지 제작 환경

에도 큰 변화를 가져오고 있으며, 이러한 변화는 '사진작가의 AI 혁명'이라고 불릴 만큼 사진 창작 방식에 새로운 가능성을 열고 있다.

AI는 사진 촬영 과정에서 다양한 보조 기능을 제공하고 있다. 현대의 디지털 카메라와 스마트폰 카메라에는 AI 기반 촬영 기능이 탑재되어 있어 장면을 자동으로 인식하고 적절한 노출과 색감을 조정한다. 인물 사진에서는 얼굴 인식 기능을 통해 초점을 자동으로 맞추고, 풍경 사진에서는 하늘이나 자연의 색감을 분석하여 보다 선명한 이미지를 만들어 준다. 이러한 기술은 사진 촬영의 편의성을 높이고 보다 안정적인 결과를 얻는 데 도움을 준다.

또한 AI는 사진 편집 과정에서도 중요한 역할을 한다. AI 기반 이미지 편집 프로그램은 사진의 밝기와 색상을 자동으로 보정하거나 불필요한 요소를 제거하는 기능을 제공한다. 이러한 기술은 사진작가가 보다 빠르게 편집 작업을 수행할 수 있도록 돕고 다양한 시각적 표현을 시도할 수 있게 한다.

이미지 생성 기술 역시 사진 예술 환경에 새로운 변화를 가져오고 있다. AI는 특정 스타일이나 분위기를 기반으로 이미지를 생성하거나 기존 사진을 새로운 형태로 변환할 수 있다. 이러한 기술은 사진작가가 새로운 시각적 아이디어를 탐색하고 창작의 범위를 확장하는 데 도움을 줄 수 있다.

그러나 사진의 본질은 단순한 기술이나 자동화된 이미지 생성만으로 완성되지 않는다. 사진은 세상을 바라보는 작가의 시선과 감정이 담긴 예술 표현이다. 어떤 순간을 기록할지 선택하고 그 장면의 의미를 담아내는 과정은 사진작가의 감각과 경험에서 비롯된다. AI는 촬영과 편집을 돕는 도구가 될 수 있지만, 사진에 담긴 이야기와 메시지는 인간 작가의 시선에서 탄생한다.

따라서 사진작가의 AI 혁명은 사진작가를 대체하는 변화가 아니라 사진 창작의 가능성을 확장하는 변화라고 할 수 있다. AI는 촬영과 편집 기술을 지원하는 도구로 활용되며, 사진작가는 자신의 시각과 감성을 통해 사진을 완성한다. 앞으로의 사진작가는 전통적인 촬영 기술과 함께 AI 기반 이미지 기술을 활용하는 새로운 형태의 창작자로 발전하게 될 것이다. 이러한 변화 속에서 사진작가는 기술과 예술을 결합하여 더욱 풍부한 시각적 이야기를 만들어 가는 중요한 역할을 계속 수행하게 될 것이다.

68. 방송인의 AI 혁명

AI 콘텐츠 분석과 방송 제작 기술은
프로그램 기획과 영상 편집을 더욱 빠
르고 효율적으로 돕는다.

　방송은 사회의 소식을 전달하고 다양한 이야기와 정보를 사람들에게 전하는 중요한 미디어이다. 뉴스, 예능, 다큐멘터리, 토크 프로그램 등 다양한 방송 콘텐츠는 많은 사람들의 일상과 문화에 영향을 미친다. 이러한 방송 프로그램을 진행하고 시청자와 소통하는 사람이 바로 방송인이다. 방송인은 프로그램을 진행하며 정보를 전달하고 때로는 웃음과 감동을 전하는 역할을 한다. 오랫동안 방송은 진행자의 언어 능력과 표현력, 그리고 현장 경험을 바탕으로 만들어져 왔다. 그러나 최근 인공지능

(AI) 기술의 발전은 방송 환경에도 큰 변화를 가져오고 있으며, 이러한 변화는 '방송인의 AI 혁명'이라고 불릴 만큼 방송 제작과 진행 방식에 새로운 가능성을 열고 있다.

AI는 방송 제작 과정에서 다양한 역할을 수행하고 있다. 방송 제작에서는 영상 편집, 자막 제작, 자료 정리 등 많은 작업이 필요한데, AI 기반 시스템은 이러한 작업을 자동으로 처리하여 제작 시간을 크게 줄여 준다. 예를 들어 AI는 음성을 인식하여 자막을 자동으로 생성하거나 방송 영상을 분석하여 필요한 장면을 빠르게 찾을 수 있다.

또한 AI는 뉴스 제작과 정보 분석에서도 활용되고 있다. AI는 방대한 데이터와 뉴스 자료를 분석하여 중요한 정보를 빠르게 정리할 수 있으며, 이를 통해 방송 제작진이 보다 신속하게 뉴스 콘텐츠를 준비할 수 있도록 돕는다. 이러한 기술은 방송 제작의 효율성을 높이는 데 중요한 역할을 한다.

최근에는 AI 기반 가상 진행자 기술도 등장하고 있다. AI로 제작된 가상 아나운서나 캐릭터가 뉴스나 정보 프로그램을 진행하는 사례도 점차 늘어나고 있다. 이러한 기술은 다양한 콘텐츠 제작 가능성을 보여 주며 방송 환경에 새로운 변화를 가져오고 있다.

그러나 방송의 본질은 단순한 정보 전달만으로 이루어지지 않는다. 방송인은 시청자와의 소통을 통해 공감과 신뢰를 형성하며 프로그램의 분위기를 이끌어 간다. 뉴스 진행자의 신뢰감 있는 전달력이나 예능 진행자의 유머와 순발력은 인간 방송인의 경험과 감각에서 비롯되는 중요한 요소이다.

따라서 방송인의 AI 혁명은 방송인을 대체하는 변화가 아니라 방송 제작 환경을 더욱 발전시키는 변화라고 할 수 있다. AI는 제작 과정의 효율성을 높이고 다양한 콘텐츠 제작을 지원하며, 방송인은 자신의 개성과 소통 능력을 통해 프로그램을 완성한다. 앞으로의 방송인은 방송 진행 능력뿐만 아니라 AI 기반 미디어 기술을 이해하고 활용하는 새로운 형태의 미디어 전문가로 발전하게 될 것이다. 이러한 변화 속에서 방송인은 기술과 인간의 소통을 연결하며 미래 미디어 환경을 만들어 가는 중요한 역할을 계속 수행하게 될 것이다.

69. PD의 AI 혁명

**AI 콘텐츠 분석과 영상 제작 기술은
프로그램 기획과 편집 과정을 더욱 빠
르고 효율적으로 만들어 준다.**

　텔레비전과 디지털 미디어 시대에서 프로그램을 기획하고 제
작을 총괄하는 중요한 역할을 하는 사람이 바로 PD(프로듀서)
이다. PD는 방송 프로그램이나 영상 콘텐츠의 전체적인 방향을
설계하고 제작 과정을 관리하며 하나의 완성된 콘텐츠를 만들
어 내는 핵심 인물이다. 뉴스, 예능, 다큐멘터리, 드라마 등 다
양한 프로그램은 PD의 기획과 연출을 통해 탄생한다. 오랫동안
방송 제작은 PD의 창의적인 기획력과 현장 경험, 그리고 제작
진과의 협업을 통해 이루어져 왔다. 그러나 최근 인공지능(AI)

기술의 발전은 방송 제작 환경에도 새로운 변화를 가져오고 있으며, 이러한 변화는 'PD의 AI 혁명'이라고 불릴 만큼 콘텐츠 제작 방식에 큰 영향을 미치고 있다.

AI는 프로그램 기획 단계에서 데이터 분석 도구로 활용되고 있다. 방송 제작에서는 시청자의 관심과 콘텐츠 소비 패턴을 이해하는 것이 매우 중요하다. AI는 시청률 데이터와 온라인 시청 기록, SNS 반응 등을 분석하여 어떤 주제와 형식의 프로그램이 관심을 받을 가능성이 높은지 예측할 수 있다. PD는 이러한 데이터를 참고하여 프로그램 기획 방향을 설정하고 콘텐츠 전략을 세울 수 있다.

또한 AI는 영상 제작 과정에서도 중요한 역할을 하고 있다. 영상 편집 프로그램에서는 AI가 영상 장면을 자동으로 분석하여 필요한 장면을 정리하거나 편집을 지원하는 기능을 제공한다. 자막 생성, 음성 분석, 영상 정리와 같은 작업을 AI가 수행함으로써 제작 과정의 효율성이 크게 향상되고 있다.

콘텐츠 제작과 연출에서도 AI 기술은 활용되고 있다. AI 기반 그래픽 제작 시스템이나 가상 영상 기술은 새로운 시각적 표현을 가능하게 하며 PD가 보다 창의적인 연출을 시도할 수 있도록 돕는다. 이러한 기술은 방송 프로그램의 제작 환경을 더욱 다양하게 변화시키고 있다.

그러나 방송 프로그램의 핵심은 단순한 기술이나 데이터만으로 완성되지 않는다. 시청자의 마음을 움직이는 이야기와 프로그램의 흐름을 설계하는 일은 PD의 창의적인 기획력과 연출 감각에서 비롯된다. 프로그램의 메시지를 전달하고 출연자와 제작진을 조율하여 하나의 콘텐츠로 완성하는 과정은 인간 PD의 경험과 리더십이 필요한 영역이다.

따라서 PD의 AI 혁명은 PD를 대체하는 변화가 아니라 콘텐츠 제작의 가능성을 더욱 확장하는 변화라고 할 수 있다. AI는 데이터 분석과 제작 과정을 지원하는 도구로 활용되고, PD는 창의적인 기획과 연출을 통해 프로그램을 완성하는 역할을 수행하게 된다. 앞으로의 PD는 콘텐츠 기획 능력뿐만 아니라 AI 기반 미디어 기술을 활용할 수 있는 새로운 형태의 제작자로 발전하게 될 것이다. 이러한 변화 속에서 PD는 기술과 창의성을 결합하여 미래의 미디어 콘텐츠 문화를 만들어 가는 중요한 역할을 계속 수행하게 될 것이다.

70. 콘텐츠 크리에이터의 AI 혁명

**AI 콘텐츠 제작 도구와 데이터 분석
기술은 영상, 글, 이미지 등 다양한 콘
텐츠를 빠르고 효율적으로 만들도록
돕는다.**

　디지털 기술의 발전은 누구나 콘텐츠를 만들고 전 세계 사람
들과 공유할 수 있는 시대를 열었다. 영상, 글, 이미지, 음악 등
다양한 형태의 콘텐츠가 온라인 플랫폼을 통해 빠르게 확산되
며 새로운 문화와 산업을 만들어 가고 있다. 이러한 콘텐츠를
기획하고 제작하는 사람이 바로 콘텐츠 크리에이터이다. 콘텐
츠 크리에이터는 자신의 아이디어와 경험을 바탕으로 다양한
콘텐츠를 만들어 사람들과 소통하며 새로운 미디어 문화를 만
들어 간다. 오랫동안 콘텐츠 제작은 창작자의 상상력과 표현력,

그리고 촬영과 편집 기술을 중심으로 이루어져 왔다. 그러나 최근 인공지능(AI) 기술의 발전은 콘텐츠 제작 환경에도 큰 변화를 가져오고 있으며, 이러한 변화는 '콘텐츠 크리에이터의 AI 혁명'이라고 불릴 만큼 창작 방식과 미디어 환경을 변화시키고 있다.

AI는 콘텐츠 제작 과정에서 다양한 도구로 활용되고 있다. 영상 편집 프로그램에서는 AI가 장면을 자동으로 분석하여 필요한 부분을 편집하거나 자막을 생성하는 기능을 제공한다. 또한 이미지 생성 기술을 통해 다양한 그래픽 요소나 배경 이미지를 제작할 수 있으며, 음성 합성 기술을 활용하여 내레이션을 생성하는 것도 가능해졌다. 이러한 기술은 콘텐츠 제작 시간을 단축시키고 창작자가 아이디어와 기획에 더 집중할 수 있도록 돕는다.

또한 AI는 콘텐츠 기획과 운영 전략에서도 중요한 역할을 한다. 온라인 플랫폼에서는 시청자의 관심과 행동 데이터를 분석하여 어떤 콘텐츠가 인기를 얻는지 파악할 수 있다. AI는 이러한 데이터를 분석하여 콘텐츠 주제와 업로드 시간, 콘텐츠 형식 등을 제안할 수 있으며 크리에이터는 이를 참고하여 채널 운영 전략을 세울 수 있다.

콘텐츠 제작 환경에서는 AI 기반 가상 캐릭터나 디지털 아바타를 활용한 콘텐츠도 등장하고 있다. 이러한 기술은 새로운 형태의 콘텐츠 표현을 가능하게 하며 크리에이터의 창작 영역을 더욱 확장시키고 있다.

그러나 콘텐츠의 본질은 단순한 기술이나 데이터 분석만으로 이루어지지 않는다. 사람들의 관심을 끄는 이야기와 독창적인 아이디어, 그리고 시청자와의 진정성 있는 소통은 인간 창작자의 감성과 경험에서 비롯된다. 콘텐츠 크리에이터의 매력은 그 사람만의 개성과 이야기에서 만들어진다.

따라서 콘텐츠 크리에이터의 AI 혁명은 크리에이터를 대체하는 변화가 아니라 창작 환경을 더욱 확장하는 변화라고 할 수 있다. AI는 제작 도구와 데이터 분석을 통해 창작 활동을 지원하며, 크리에이터는 창의적인 아이디어와 인간적인 소통을 통해 콘텐츠를 완성한다. 앞으로의 콘텐츠 크리에이터는 창작 능력과 함께 AI 기술을 활용하는 새로운 형태의 디지털 창작자로 발전하게 될 것이다. 이러한 변화 속에서 콘텐츠 크리에이터는 기술과 창의성을 결합하여 미래의 미디어 문화를 만들어 가는 중요한 역할을 계속 수행하게 될 것이다.

71. 과학 수사관의 AI 혁명

AI 데이터 분석과 영상 판독 기술은 범죄 현장의 증거를 빠르고 정확하게 분석하는 데 도움을 준다.

　범죄를 해결하는 과정에서 과학적 분석과 기술을 활용하는 전문 직업이 바로 과학 수사관이다. 과학 수사관은 범죄 현장에서 발견된 다양한 증거를 분석하고 사건의 진실을 밝혀내는 역할을 수행한다. 지문, DNA, 혈흔, 디지털 기록 등 다양한 증거를 과학적으로 분석하여 범죄의 단서를 찾아내는 것이 과학 수사의 핵심이다. 오랫동안 과학 수사는 정밀한 실험과 분석 장비, 그리고 수사관의 경험과 전문 지식을 바탕으로 이루어져 왔다. 그러나 최근 인공지능(AI) 기술의 발전은 과학 수사 분야에

도 큰 변화를 가져오고 있으며, 이러한 변화는 '과학 수사관의 AI 혁명'이라고 불릴 만큼 수사 방식과 분석 기술을 새롭게 변화시키고 있다.

AI는 범죄 증거 분석 과정에서 중요한 역할을 하고 있다. 과학 수사에서는 방대한 양의 데이터와 복잡한 증거 자료를 분석해야 하는 경우가 많다. AI는 이러한 데이터를 빠르게 분석하여 중요한 단서를 발견하는 데 도움을 줄 수 있다. 예를 들어 지문이나 얼굴 인식 기술을 활용하여 범죄 기록 데이터베이스와 비교 분석을 수행하면 용의자를 빠르게 찾을 수 있다.

또한 AI는 영상 분석 기술에서도 활용되고 있다. 범죄 현장 주변의 CCTV 영상이나 다양한 영상 자료를 분석하여 특정 인물의 이동 경로를 추적하거나 사건 당시의 상황을 재구성할 수 있다. 이러한 기술은 수사 과정에서 중요한 단서를 찾는 데 큰 도움이 된다.

디지털 범죄 수사에서도 AI 기술은 중요한 도구가 되고 있다. 현대 사회에서는 인터넷과 스마트 기기를 이용한 범죄가 증가하고 있기 때문에 디지털 데이터를 분석하는 능력이 중요하다. AI는 대량의 디지털 데이터를 분석하여 범죄와 관련된 기록이나 패턴을 발견하는 데 활용되고 있다.

그러나 범죄 수사의 핵심은 단순한 데이터 분석만으로 이루어지지 않는다. 사건의 맥락을 이해하고 다양한 증거를 종합적으로 판단하는 일은 과학 수사관의 경험과 논리적 사고가 필요한 영역이다. 또한 법적 절차와 윤리적 기준을 고려하며 공정하게 수사를 진행하는 책임 역시 인간 수사관의 중요한 역할이다.

따라서 과학 수사관의 AI 혁명은 과학 수사관을 대체하는 변화가 아니라 수사 능력을 더욱 강화하는 변화라고 할 수 있다. AI는 데이터 분석과 증거 탐색을 지원하는 도구로 활용되고, 과학 수사관은 사건의 진실을 밝혀내기 위한 판단과 수사 전략을 담당하게 된다. 앞으로의 과학 수사관은 과학 지식뿐만 아니라 AI 기반 분석 기술을 활용하는 새로운 형태의 수사 전문가로 발전하게 될 것이다. 이러한 변화 속에서 과학 수사관은 기술과 인간의 판단을 결합하여 정의를 실현하는 중요한 역할을 계속 수행하게 될 것이다.

72. 재난 구조대의 AI 혁명

AI 재난 분석과 드론 탐색 기술은 위험 지역을 빠르게 파악하고 구조 활동의 효율을 높인다.

　지진, 화재, 홍수, 건물 붕괴와 같은 재난 상황이 발생하면 가장 먼저 현장으로 달려가는 사람들이 있다. 바로 재난 구조대이다. 재난 구조대는 위급한 상황 속에서 사람들의 생명을 구하고 피해를 최소화하기 위해 활동하는 중요한 직업이다. 이들은 위험한 현장에서 구조 활동을 수행하며 신속한 판단과 협력으로 생명을 살리는 역할을 한다. 오랫동안 재난 구조 활동은 구조대원의 경험과 체력, 그리고 현장 판단 능력에 크게 의존해 왔다. 그러나 최근 인공지능(AI) 기술의 발전은 재난 대응 분야에도

새로운 변화를 가져오고 있으며, 이러한 변화는 '재난 구조대의 AI 혁명'이라고 불릴 만큼 구조 활동의 방식과 환경을 크게 변화시키고 있다.

AI는 재난 예측과 대응 계획에서 중요한 역할을 하고 있다. 다양한 기상 데이터와 환경 정보를 분석하여 태풍, 홍수, 산불 등의 발생 가능성을 예측할 수 있으며, 이를 통해 재난 대응 기관은 사전에 준비하고 피해를 줄일 수 있다. 이러한 기술은 재난 관리 시스템을 더욱 체계적으로 만드는 데 도움을 준다.

또한 AI는 구조 현장에서 상황을 분석하는 기술로 활용되고 있다. 드론과 로봇에 탑재된 AI 시스템은 붕괴된 건물이나 접근하기 어려운 지역을 탐색하여 생존자의 위치를 확인하거나 위험 요소를 분석할 수 있다. 이러한 기술은 구조대원이 직접 접근하기 어려운 지역을 조사하는 데 도움을 주며 구조 작업의 안전성을 높인다.

영상 분석 기술도 재난 구조 활동에서 중요한 역할을 한다. AI는 드론 영상이나 현장 카메라 영상을 분석하여 사람의 움직임이나 구조 신호를 감지할 수 있으며 이를 통해 구조 대상자를 빠르게 발견할 수 있다. 이러한 기술은 구조 시간을 단축하고 생존 가능성을 높이는 데 기여한다.

그러나 재난 구조 활동의 핵심은 단순한 기술만으로 이루어지지 않는다. 위급한 상황 속에서 사람을 구조하고 생명을 살리는 일은 구조대원의 용기와 판단력, 그리고 인간적인 책임감이 필요한 영역이다. 재난 현장은 항상 예측할 수 없는 상황이 발생하기 때문에 경험 많은 구조대원의 신속한 판단이 매우 중요하다.

따라서 재난 구조대의 AI 혁명은 구조대원을 대체하는 변화가 아니라 구조 활동을 더욱 안전하고 효율적으로 만드는 변화라고 할 수 있다. AI는 재난 데이터를 분석하고 구조 활동을 지원하는 기술로 활용되며, 구조대원은 현장에서 생명을 구하는 핵심 역할을 수행하게 된다. 앞으로의 재난 구조대는 전통적인 구조 기술과 함께 AI 기반 구조 장비를 활용하는 새로운 형태의 전문 조직으로 발전하게 될 것이다. 이러한 변화 속에서 재난 구조대는 기술과 인간의 용기를 결합하여 위기의 순간에 생명을 지키는 중요한 역할을 계속 수행하게 될 것이다.

73. 소방관의 AI 혁명

**AI 화재 예측과 스마트 감지 시스템은
화재 발생 가능성을 분석하고 신속한
대응을 가능하게 한다.**

　화재나 각종 사고가 발생했을 때 가장 먼저 현장으로 달려가 사람들의 생명과 재산을 지키는 직업이 바로 소방관이다. 소방관은 화재 진압뿐만 아니라 구조 활동, 응급 처치, 재난 대응 등 다양한 역할을 수행한다. 이들은 위험한 상황 속에서도 시민의 안전을 지키기 위해 헌신적으로 활동하며 사회에서 매우 중요한 역할을 담당한다. 오랫동안 소방 활동은 소방관의 경험과 훈련, 그리고 현장에서의 빠른 판단 능력을 바탕으로 이루어져 왔다. 그러나 최근 인공지능(AI) 기술의 발전은 소방 분야에도 새

로운 변화를 가져오고 있으며, 이러한 변화는 '소방관의 AI 혁명'이라고 불릴 만큼 화재 대응 방식과 재난 관리 시스템을 변화시키고 있다.

AI는 화재 예방과 위험 분석에서 중요한 역할을 하고 있다. 다양한 건물 관리 시스템과 센서를 통해 수집된 데이터를 분석하여 화재 발생 가능성을 예측하거나 위험 요소를 미리 발견할 수 있다. 예를 들어 전기 설비의 이상 징후나 온도 변화 데이터를 분석하여 화재 위험을 사전에 경고하는 시스템이 개발되고 있다. 이러한 기술은 화재 발생을 예방하고 피해를 줄이는 데 큰 도움이 된다.

또한 AI는 화재 현장에서 상황을 분석하는 기술로 활용되고 있다. 드론과 로봇에 탑재된 AI 시스템은 화재 현장의 온도와 연기 상태를 분석하고 건물 내부 구조를 파악하여 소방관에게 중요한 정보를 제공할 수 있다. 이를 통해 소방관은 보다 안전하고 효율적으로 화재 진압과 구조 활동을 수행할 수 있다.

AI 기반 영상 분석 기술도 소방 활동에 활용되고 있다. 화재 현장의 카메라 영상이나 드론 영상을 분석하여 사람의 움직임을 감지하거나 구조 대상자의 위치를 확인할 수 있다. 이러한 기술은 구조 시간을 단축하고 인명 피해를 줄이는 데 기여한다.

그러나 화재 현장은 매우 복잡하고 예측하기 어려운 상황이 많기 때문에 단순한 기술만으로 대응할 수 있는 환경은 아니다.

위험한 상황 속에서 신속하게 판단하고 구조 활동을 수행하는 일은 소방관의 용기와 경험이 필요한 영역이다. 또한 구조 대상자를 안심시키고 안전하게 구조하는 과정에는 인간적인 배려와 책임감이 중요하다.

따라서 소방관의 AI 혁명은 소방관을 대체하는 변화가 아니라 소방 활동의 안전성과 효율성을 높이는 변화라고 할 수 있다. AI는 위험 분석과 현장 정보를 제공하는 도구로 활용되며, 소방관은 현장에서 직접 구조와 진압 활동을 수행하는 핵심 역할을 맡게 된다. 앞으로의 소방관은 전통적인 소방 기술과 함께 AI 기반 장비를 활용하는 새로운 형태의 재난 대응 전문가로 발전하게 될 것이다. 이러한 변화 속에서 소방관은 기술과 인간의 용기를 결합하여 시민의 생명을 지키는 중요한 역할을 계속 수행하게 될 것이다.

74. 부동산 전문가의 AI 혁명

AI 부동산 데이터 분석과 시장 예측 기술은 지역 가치와 가격 변화를 보다 정확하게 파악하도록 돕는다.

도시는 사람들의 삶과 경제 활동이 이루어지는 공간이며, 이러한 공간을 거래하고 관리하는 분야가 바로 부동산 산업이다. 주택, 상가, 사무실, 토지 등 다양한 부동산 자산은 개인의 생활과 기업 활동에 중요한 기반이 된다. 이러한 부동산의 가치와 거래를 전문적으로 다루는 사람이 바로 부동산 전문가이다. 부동산 전문가는 시장 상황을 분석하고 부동산의 가치를 평가하며 매매와 임대 과정에서 고객에게 필요한 정보를 제공하는 역할을 한다. 오랫동안 부동산 시장 분석은 지역 경제 상황과 인

구 변화, 개발 계획 등을 바탕으로 전문가의 경험과 판단에 의해 이루어져 왔다. 그러나 최근 인공지능(AI) 기술의 발전은 부동산 산업에도 새로운 변화를 가져오고 있으며, 이러한 변화는 '부동산 전문가의 AI 혁명'이라고 불릴 만큼 시장 분석과 거래 환경을 변화시키고 있다.

AI는 부동산 시장 데이터를 분석하는 데 중요한 역할을 하고 있다. 현대 부동산 시장에서는 거래 기록, 지역 개발 정보, 인구 이동, 교통 환경 등 다양한 데이터가 생성된다. AI는 이러한 방대한 데이터를 분석하여 특정 지역의 부동산 가치 변화나 시장 흐름을 예측하는 데 활용될 수 있다. 이러한 분석은 부동산 전문가가 보다 정확한 시장 정보를 제공하는 데 도움을 준다.

또한 AI는 부동산 가치 평가 과정에서도 활용되고 있다. AI 기반 분석 시스템은 과거 거래 사례와 주변 환경 데이터를 비교 분석하여 부동산 가격의 적정 수준을 예측할 수 있다. 이를 통해 보다 객관적인 가격 분석이 가능해지고 거래 과정의 투명성이 높아질 수 있다.

부동산 서비스 분야에서도 AI 기술은 활용되고 있다. 온라인 부동산 플랫폼에서는 AI가 사용자의 검색 기록과 선호 조건을 분석하여 적합한 매물을 추천하는 시스템이 운영되고 있다. 또한 가상 현실 기술과 AI를 결합한 가상 투어 서비스는 실제 방문 없이도 부동산 공간을 확인할 수 있도록 돕는다.

그러나 부동산 거래의 본질은 단순한 데이터 분석만으로 이루어지지 않는다. 부동산은 사람들의 삶과 밀접하게 연결된 자산이기 때문에 고객의 상황과 목적을 이해하는 상담이 매우 중요하다. 또한 지역의 문화와 환경, 개발 가능성 등을 종합적으로 판단하는 과정은 부동산 전문가의 경험과 통찰이 필요한 영역이다.

따라서 부동산 전문가의 AI 혁명은 부동산 전문가를 대체하는 변화가 아니라 시장 분석과 서비스의 정확성을 높이는 변화라고 할 수 있다. AI는 데이터 분석과 정보 제공을 담당하는 도구로 활용되고, 부동산 전문가는 고객 상담과 투자 판단을 지원하는 역할을 수행하게 된다. 앞으로의 부동산 전문가는 시장 지식뿐만 아니라 AI 기반 분석 기술을 활용하는 새로운 형태의 전문가로 발전하게 될 것이다. 이러한 변화 속에서 부동산 전문가는 기술과 인간의 상담 능력을 결합하여 보다 신뢰할 수 있는 부동산 서비스를 제공하는 중요한 역할을 계속 수행하게 될 것이다.

75. 보험 설계사의 AI 혁명

**AI 위험 분석과 고객 데이터 기술은
개인의 건강 상태와 생활 패턴을 분석
해 맞춤형 보험 설계를 가능하게 한다.**

　사람의 삶에는 예기치 못한 위험이 언제든 발생할 수 있다. 질병, 사고, 자연재해와 같은 다양한 위험으로부터 경제적 피해를 보호하기 위해 많은 사람들이 보험을 활용한다. 이러한 보험 상품을 고객에게 설명하고 개인의 상황에 맞는 보장 설계를 제공하는 사람이 바로 보험 설계사이다. 보험 설계사는 고객의 생활 환경과 경제 상황을 분석하여 적절한 보험 상품을 제안하고 장기적인 재정 보호 계획을 세우는 역할을 한다. 오랫동안 보험 설계 업무는 설계사의 경험과 고객 상담 능력, 그리고 금융 지

식을 기반으로 이루어져 왔다. 그러나 최근 인공지능(AI) 기술의 발전은 보험 산업에도 큰 변화를 가져오고 있으며, 이러한 변화는 '보험 설계사의 AI 혁명'이라고 불릴 만큼 보험 설계와 서비스 방식에 새로운 변화를 가져오고 있다.

AI는 보험 데이터 분석에서 중요한 역할을 하고 있다. 보험 산업에서는 고객의 연령, 건강 상태, 생활 습관, 사고 기록 등 다양한 데이터를 분석하여 위험을 평가해야 한다. AI는 이러한 데이터를 분석하여 보험 가입자의 위험 수준을 보다 정밀하게 평가하고 적절한 보험 상품을 추천하는 데 활용될 수 있다. 이를 통해 고객에게 보다 맞춤형 보험 설계가 가능해진다.

또한 AI는 보험 상담 과정에서도 활용되고 있다. 온라인 보험 플랫폼에서는 AI 챗봇이 기본적인 보험 정보를 안내하고 간단한 상담을 제공하는 시스템이 운영되고 있다. 고객은 언제든지 필요한 정보를 확인할 수 있으며 보험 상품 비교도 쉽게 할 수 있다. 이러한 기술은 보험 서비스의 접근성을 높이는 데 도움을 준다.

보험 관리와 사고 처리 과정에서도 AI 기술은 중요한 역할을 한다. AI는 보험 청구 데이터를 분석하여 사고 처리 과정을 빠르게 진행하거나 이상 거래를 탐지하는 데 활용될 수 있다. 이러한 기술은 보험 서비스의 효율성과 신뢰성을 높이는 데 기여하고 있다.

그러나 보험 설계의 핵심은 단순한 데이터 분석이나 상품 추천만으로 이루어지지 않는다. 보험은 사람의 삶과 미래를 보호하는 중요한 금융 계획이기 때문에 고객의 상황과 필요를 깊이 이해하는 상담이 매우 중요하다. 고객의 가족 상황과 경제적 목표를 고려하여 적절한 보장 계획을 세우는 과정은 보험 설계사의 경험과 공감 능력이 필요한 영역이다.

따라서 보험 설계사의 AI 혁명은 보험 설계사를 대체하는 변화가 아니라 보험 서비스의 전문성과 효율성을 높이는 변화라고 할 수 있다. AI는 데이터 분석과 정보 제공을 지원하는 도구로 활용되고, 보험 설계사는 고객 상담과 맞춤형 설계를 담당하는 역할을 수행하게 된다. 앞으로의 보험 설계사는 금융 지식과 함께 AI 기반 보험 분석 시스템을 활용하는 새로운 형태의 전문가로 발전하게 될 것이다. 이러한 변화 속에서 보험 설계사는 기술과 인간의 상담 능력을 결합하여 사람들의 삶을 보호하는 중요한 역할을 계속 수행하게 될 것이다.

76. 사회 복지사의 AI 혁명

AI 복지 데이터 분석과 서비스 관리 시스템은 도움이 필요한 대상자를 더 정확하게 파악하고 지원을 효율적으로 로 연결하도록 돕는다.

사회에는 다양한 어려움을 겪는 사람들이 존재한다. 경제적인 문제, 건강 문제, 가족 문제, 노령화와 같은 다양한 사회적 상황 속에서 도움이 필요한 사람들이 있으며, 이러한 사람들을 지원하고 돕는 역할을 하는 사람이 바로 사회 복지사이다. 사회 복지사는 도움이 필요한 개인과 가족, 그리고 지역 사회를 대상으로 상담과 지원을 제공하며 삶의 질을 높이는 데 기여한다. 오랫동안 사회 복지 활동은 복지사의 경험과 공감 능력, 그리고 현장 활동을 통해 이루어져 왔다. 그러나 최근 인공지능(AI) 기

술의 발전은 사회 복지 분야에도 새로운 변화를 가져오고 있으며, 이러한 변화는 '사회 복지사의 AI 혁명'이라고 불릴 만큼 복지 서비스의 방식과 환경을 변화시키고 있다.

AI는 복지 대상자 데이터를 분석하는 데 중요한 역할을 하고 있다. 사회 복지 기관에서는 다양한 복지 프로그램과 지원 대상자의 정보가 축적되는데, AI는 이러한 데이터를 분석하여 도움이 필요한 사람들을 보다 빠르게 파악할 수 있다. 예를 들어 소득 수준, 건강 상태, 생활 환경 등의 데이터를 분석하여 복지 지원이 필요한 대상자를 미리 발견할 수 있다. 이러한 기술은 복지 사각지대를 줄이는 데 도움을 줄 수 있다.

또한 AI는 복지 서비스 관리에서도 활용되고 있다. 복지 프로그램 운영 과정에서 발생하는 다양한 행정 업무를 AI 시스템이 지원함으로써 사회 복지사는 보다 많은 시간을 상담과 현장 활동에 집중할 수 있게 된다. 이러한 기술은 복지 서비스의 효율성을 높이고 더 많은 사람들에게 도움을 제공하는 데 기여한다.

온라인 상담 서비스에서도 AI 기술은 활용되고 있다. AI 기반 상담 시스템은 기본적인 복지 정보를 안내하거나 긴급 상담이 필요한 상황을 파악하여 전문가에게 연결하는 역할을 할 수 있다. 이를 통해 도움이 필요한 사람들이 보다 쉽게 복지 서비스를 이용할 수 있게 된다.

그러나 사회 복지 활동의 핵심은 단순한 데이터 분석이나 행정 업무만으로 이루어지지 않는다. 어려움을 겪는 사람들의 상황을 이해하고 공감하며 심리적인 지지를 제공하는 과정은 인간 사회복지사의 중요한 역할이다. 사람과 사람 사이의 신뢰와 공감은 사회복지 활동에서 매우 중요한 가치이다.

따라서 사회 복지사의 AI 혁명은 사회 복지사를 대체하는 변화가 아니라 복지 서비스의 접근성과 효율성을 높이는 변화라고 할 수 있다. AI는 데이터 분석과 행정 업무를 지원하는 도구로 활용되고, 사회 복지사는 상담과 지원 활동을 통해 사람들의 삶을 돕는 역할을 수행하게 된다. 앞으로의 사회 복지사는 복지 전문 지식과 함께 AI 기반 복지 시스템을 활용하는 새로운 형태의 전문가로 발전하게 될 것이다. 이러한 변화 속에서 사회 복지사는 기술과 인간의 공감을 결합하여 더 많은 사람들에게 희망과 도움을 제공하는 중요한 역할을 계속 수행하게 될 것이다.

77. 광고 전문가의 AI 혁명

**AI 소비자 데이터 분석과 광고 성과 예측
기술은 고객의 관심과 행동을 정밀하게
파악하도록 돕는다.**

　광고는 기업과 소비자를 연결하는 중요한 커뮤니케이션 활동
이다. 새로운 제품과 서비스를 알리고 브랜드의 가치를 전달하
는 과정에서 광고는 현대 경제와 문화 속에서 중요한 역할을 수
행해 왔다. 이러한 광고 전략을 기획하고 실행하는 사람이 바로
광고 전문가이다. 광고 전문가는 시장을 분석하고 소비자의 관
심을 이해하며 효과적인 메시지와 창의적인 콘텐츠를 통해 브
랜드 이미지를 만들어 간다. 오랫동안 광고 산업은 광고 전문가
의 경험과 창의력, 그리고 시장 분석 능력을 중심으로 발전해

왔다. 그러나 최근 인공지능(AI) 기술의 발전은 광고 환경에도 큰 변화를 가져오고 있으며, 이러한 변화는 '광고 전문가의 AI 혁명'이라고 불릴 만큼 광고 전략과 마케팅 방식에 새로운 가능성을 열고 있다.

AI는 광고 데이터 분석에서 중요한 역할을 하고 있다. 현대의 광고 환경에서는 온라인 플랫폼과 다양한 미디어를 통해 수많은 광고 데이터가 생성된다. AI는 이러한 데이터를 분석하여 소비자의 관심과 행동 패턴을 파악하고 어떤 광고 메시지가 효과적인지 분석하는 데 도움을 줄 수 있다. 이러한 분석은 광고 전략을 보다 정교하게 설계하는 데 중요한 자료가 된다.

또한 AI는 맞춤형 광고 서비스에서도 활용되고 있다. AI는 소비자의 검색 기록이나 관심 분야를 분석하여 개인에게 적합한 광고 콘텐츠를 제공할 수 있다. 이러한 맞춤형 광고는 소비자에게 더 relevant한 정보를 전달하고 광고 효과를 높이는 데 기여한다.

광고 콘텐츠 제작 과정에서도 AI 기술은 활용되고 있다. AI 기반 이미지 생성이나 문장 작성 기술은 광고 카피와 시각 콘텐츠 제작을 지원하며 다양한 아이디어를 빠르게 제시할 수 있다. 이러한 기술은 광고 전문가가 창의적인 기획과 전략 수립에 더 많은 시간을 집중할 수 있도록 돕는다.

그러나 광고의 본질은 단순한 데이터 분석이나 기술적 자동화만으로 이루어지지 않는다. 소비자의 감정과 문화적 흐름을 이해하고 브랜드의 메시지를 설득력 있게 전달하는 일은 광고 전문가의 창의력과 통찰력이 필요한 영역이다. 또한 사회적 책임과 윤리적 기준을 고려하는 광고 전략 역시 중요한 요소이다.

따라서 광고 전문가의 AI 혁명은 광고 전문가를 대체하는 변화가 아니라 광고 산업의 가능성을 확장하는 변화라고 할 수 있다. AI는 데이터 분석과 콘텐츠 제작을 지원하는 도구로 활용되며, 광고 전문가는 브랜드의 가치를 표현하고 소비자와의 관계를 설계하는 역할을 수행하게 된다. 앞으로의 광고 전문가는 창의적인 기획 능력과 함께 AI 기반 광고 분석 기술을 활용하는 새로운 형태의 마케팅 전문가로 발전하게 될 것이다. 이러한 변화 속에서 광고 전문가는 기술과 창의성을 결합하여 더욱 효과적이고 의미 있는 광고 문화를 만들어 가는 중요한 역할을 계속 수행하게 될 것이다.

78. 기업 경영자의 AI 혁명

AI 경영 분석과 데이터 기반 의사결정 시스템은 시장 변화와 기업 성과를 빠르게 분석하도록 돕는다.

    기업 경영은 언제나 변화의 중심에 있었다. 산업혁명 시대에는 기계가 생산 방식을 바꾸었고, 정보화 시대에는 컴퓨터와 인터넷이 기업 운영의 방식을 바꾸었다. 그리고 지금, 또 하나의 거대한 변화가 기업 경영의 패러다임을 바꾸고 있다. 바로 인공지능(AI)의 등장이다. 과거의 경영은 경험과 직관, 그리고 제한된 데이터에 기반한 의사결정이 중심이었다. 경영자는 시장의 흐름을 읽고, 경쟁사의 전략을 분석하며, 조직을 이끄는 판단을 내려야 했다. 그러나 오늘날 기업 환경은 훨씬 더 복잡하고 빠

르게 변화하고 있다. 글로벌 시장의 경쟁, 소비자의 빠른 취향 변화, 기술 혁신의 가속화는 경영자의 판단을 더욱 어렵게 만들고 있다.

이러한 환경 속에서 AI는 기업 경영의 새로운 동반자로 등장하고 있다. AI는 방대한 데이터를 분석하여 시장의 흐름을 예측하고, 소비자의 행동 패턴을 분석하며, 경영자가 보다 정확한 전략을 수립할 수 있도록 돕는다. 과거에는 몇 달이 걸리던 시장 분석이 이제는 AI를 통해 몇 분 만에 이루어질 수 있다. 이는 경영자가 보다 빠르고 정확한 결정을 내릴 수 있게 하는 중요한 변화다.

또한 AI는 기업 운영의 효율성을 크게 높이고 있다. 생산 관리, 물류 시스템, 고객 관리, 마케팅 전략 등 다양한 영역에서 AI가 활용되면서 기업은 더 적은 비용으로 더 높은 성과를 창출할 수 있게 되었다. 예를 들어 AI는 소비자의 구매 데이터를 분석해 개인 맞춤형 마케팅 전략을 제안하고, 공급망 데이터를 분석해 재고를 최적화한다. 이러한 변화는 기업의 경쟁력을 크게 강화하고 있다.

특히 최근에는 생성형 AI가 등장하면서 경영자의 역할에도 새로운 변화가 나타나고 있다. AI는 보고서를 작성하고, 시장 분석 자료를 정리하며, 전략 아이디어를 제시하기도 한다. 이는 경영자가 보다 창의적인 의사결정과 미래 전략에 집중할 수 있도록 돕는다. 이제 경영자는 단순히 조직을 관리하는 사람이 아니라, AI와 함께 새로운 가치를 창출하는 리더로 변화하고 있다.

AI 시대의 기업 경영자는 더 이상 모든 것을 혼자 판단하는 존재가 아니다. 대신 AI라는 강력한 분석 도구와 협력하며 더 넓은 시야로 기업의 미래를 설계하는 전략가가 되어야 한다. AI는 데이터를 통해 가능성을 제시하지만, 그 가능성을 선택하고 방향을 결정하는 것은 결국 인간 경영자의 몫이다.

미래의 기업은 AI와 인간이 함께 만들어 가는 조직이 될 것이다. 경영자는 기술을 이해하고 활용하는 능력과 함께 인간적인 통찰과 리더십을 동시에 갖추어야 한다. 결국 기업 경영자의 AI 혁명은 기술의 변화가 아니라, 경영의 본질을 다시 정의하는 새로운 시대의 시작이라고 할 수 있다.

79. 정치인의 AI 혁명

AI 정책 데이터 분석과 여론 분석 기
술은 사회 문제와 국민의 의견을 더욱
정확하게 파악하도록 돕는다.

정치는 사회의 방향을 결정하고 국민의 삶에 영향을 미치는 중요한 영역이다. 국가의 정책을 만들고 사회 문제를 해결하며 시민들의 목소리를 제도와 법으로 반영하는 역할을 하는 사람이 바로 정치인이다. 정치인은 국민의 의견을 수렴하고 다양한 이해관계를 조정하며 사회가 더 나은 방향으로 발전할 수 있도록 정책을 설계하는 책임을 가진다. 오랫동안 정치 활동은 정치인의 경험과 리더십, 그리고 사회 문제에 대한 통찰을 바탕으로 이루어져 왔다. 그러나 최근 인공지능(AI) 기술의 발전은 정치

환경에도 새로운 변화를 가져오고 있으며, 이러한 변화는 '정치인의 AI 혁명'이라고 불릴 만큼 정책 분석과 정치 활동의 방식에 영향을 미치고 있다.

AI는 정책 분석과 데이터 연구에서 중요한 역할을 하고 있다. 현대 사회에서는 경제, 환경, 복지, 교육 등 다양한 분야의 데이터가 방대한 규모로 축적되고 있다. AI는 이러한 데이터를 분석하여 사회 문제의 원인을 파악하거나 정책 시행 이후의 변화를 예측하는 데 도움을 줄 수 있다. 이러한 분석은 정치인이 보다 과학적이고 체계적인 정책을 설계하는 데 중요한 자료가 된다.

또한 AI는 시민 의견 분석에서도 활용되고 있다. 온라인 플랫폼과 SNS에서는 시민들이 다양한 의견을 표현하고 있는데, AI는 이러한 데이터를 분석하여 국민의 관심사와 여론의 흐름을 파악할 수 있다. 이를 통해 정치인은 시민들이 중요하게 생각하는 문제를 보다 빠르게 이해하고 정책에 반영할 수 있다.

행정 운영과 정책 평가에서도 AI 기술은 활용되고 있다. 정부 기관에서는 AI를 활용하여 행정 데이터를 분석하고 정책의 효과를 평가하는 시스템을 도입하고 있다. 이러한 기술은 정책의 효율성을 높이고 공공 서비스의 질을 개선하는 데 도움을 줄 수 있다.

그러나 정치의 본질은 단순한 데이터 분석만으로 이루어지지 않는다. 사회의 다양한 가치와 이해관계를 조정하고 공정한 결정을 내리는 일은 정치인의 책임과 판단이 필요한 영역이다. 또한 국민과 소통하며 사회적 합의를 만들어 가는 과정은 인간 정치인의 리더십과 윤리적 책임에서 비롯된다.

따라서 정치인의 AI 혁명은 정치인을 대체하는 변화가 아니라 정치 활동의 기반을 더욱 강화하는 변화라고 할 수 있다. AI는 정책 데이터를 분석하고 사회 문제를 이해하는 도구로 활용되며, 정치인은 국민의 목소리를 반영하고 사회의 방향을 결정하는 역할을 수행하게 된다. 앞으로의 정치인은 정치적 리더십과 함께 AI 기반 정책 분석 기술을 이해하는 새로운 형태의 지도자로 발전하게 될 것이다. 이러한 변화 속에서 정치인은 기술과 민주주의의 가치를 연결하며 보다 투명하고 효율적인 사회를 만들어 가는 중요한 역할을 계속 수행하게 될 것이다.

80. 외교관의 AI 혁명

AI 국제 정세 분석과 데이터 기반 정
보 시스템은 세계 정치와 경제 흐름을
빠르게 파악하도록 돕는다.

국가와 국가 사이의 관계를 조정하고 국제 협력을 이끌어 가
는 중요한 역할을 하는 사람이 바로 외교관이다. 외교관은 자국
의 이익을 보호하면서도 국제 사회와의 협력을 통해 평화와 공
동 번영을 이루기 위해 활동한다. 국제 회담에 참여하고 협상을
진행하며 정치, 경제, 문화 등 다양한 분야에서 국가 간의 관계
를 발전시키는 것이 외교관의 주요 임무이다. 오랫동안 외교 활
동은 외교관의 경험과 국제 정세에 대한 이해, 그리고 협상 능
력과 판단력에 크게 의존해 왔다. 그러나 최근 인공지능(AI) 기

술의 발전은 외교 활동의 환경에도 새로운 변화를 가져오고 있으며, 이러한 변화는 '외교관의 AI 혁명'이라고 불릴 만큼 국제 관계 분석과 외교 전략 수립 방식에 영향을 미치고 있다.

AI는 국제 정보 분석에서 중요한 역할을 하고 있다. 현대 국제 사회에서는 정치, 경제, 안보 등 다양한 분야에서 방대한 데이터와 정보가 생성되고 있다. AI는 이러한 데이터를 분석하여 국제 정세의 변화를 파악하거나 특정 정책이 국제 관계에 미칠 영향을 예측하는 데 활용될 수 있다. 이러한 분석은 외교관이 보다 정확한 정보에 기반하여 외교 전략을 수립하는 데 도움을 준다.

또한 AI는 외교 문서 분석과 번역에서도 중요한 역할을 한다. 외교 활동에서는 다양한 국가의 언어로 작성된 문서와 자료를 검토해야 하는데, AI 기반 번역 시스템은 외교 문서를 빠르게 이해하고 분석하는 데 도움을 준다. 이를 통해 외교관은 국제 협상과 정책 연구에 더 많은 시간을 집중할 수 있다.

국제 협력과 위기 대응에서도 AI 기술은 활용될 수 있다. 예를 들어 국제 분쟁 상황이나 경제 위기와 같은 복잡한 문제를 분석할 때 AI는 다양한 시나리오를 분석하여 정책 결정에 참고할 수 있는 자료를 제공할 수 있다. 이러한 기술은 외교 정책의 효율성을 높이는 데 기여할 수 있다.

그러나 외교의 본질은 단순한 데이터 분석이나 기술적 판단만으로 이루어지지 않는다. 국가 간의 협상과 신뢰 구축은 인간 외교관의 경험과 판단, 그리고 문화적 이해와 소통 능력이 필요한 영역이다. 상대 국가와의 관계를 고려하며 신중하게 협상하는 과정은 외교관의 지혜와 전략적 사고에서 비롯된다.

따라서 외교관의 AI 혁명은 외교관을 대체하는 변화가 아니라 외교 활동을 더욱 효과적으로 수행할 수 있도록 돕는 변화라고 할 수 있다. AI는 국제 정보를 분석하고 외교 정책 연구를 지원하는 도구로 활용되며, 외교관은 협상과 국제 관계 조정이라는 핵심 역할을 담당하게 된다. 앞으로의 외교관은 국제 정치 지식과 함께 AI 기반 정보 분석 기술을 활용하는 새로운 형태의 외교 전문가로 발전하게 될 것이다. 이러한 변화 속에서 외교관은 기술과 외교적 지혜를 결합하여 국제 사회의 평화와 협력을 이끄는 중요한 역할을 계속 수행하게 될 것이다.

81. 보안 전문가의 AI 혁명

AI 사이버 보안 분석과 위협 탐지 시스템은 해킹과 사이버 공격을 실시간으로 분석하고 빠르게 대응하도록 돕는다.

현대 사회는 인터넷과 디지털 기술을 기반으로 빠르게 발전하고 있다. 개인의 정보와 기업의 데이터, 국가의 주요 시스템까지 대부분의 활동이 디지털 네트워크를 통해 이루어지고 있다. 이러한 환경 속에서 정보와 시스템을 안전하게 보호하는 역할을 하는 사람이 바로 보안 전문가이다. 보안 전문가는 해킹과 사이버 공격으로부터 정보를 보호하고 시스템의 안전성을 유지하기 위해 다양한 기술과 전략을 활용한다. 오랫동안 보안 분야는 전문가의 기술적 지식과 경험, 그리고 지속적인 감시와 분석

을 통해 유지되어 왔다. 그러나 최근 인공지능(AI) 기술의 발전은 보안 환경에도 새로운 변화를 가져오고 있으며, 이러한 변화는 '보안 전문가의 AI 혁명' 이라고 불릴 만큼 사이버 보안의 방식과 대응 전략을 변화시키고 있다.

AI는 사이버 공격을 탐지하는 데 중요한 역할을 하고 있다. 네트워크에서는 매일 수많은 데이터가 생성되고 다양한 접속 활동이 이루어지는데, AI는 이러한 데이터를 분석하여 정상적인 활동과 의심스러운 행동을 구분할 수 있다. 예를 들어 비정상적인 로그인 시도나 데이터 접근 패턴을 빠르게 탐지하여 보안 시스템에 경고를 보낼 수 있다. 이러한 기술은 사이버 공격을 조기에 발견하고 대응하는 데 큰 도움을 준다.

또한 AI는 악성 코드 분석에서도 활용되고 있다. 사이버 공격에 사용되는 악성 프로그램은 매우 다양하고 빠르게 변화하기 때문에 이를 분석하는 일이 중요하다. AI는 수많은 악성 코드 데이터를 분석하여 새로운 공격 패턴을 발견하고 보안 시스템을 강화하는 데 활용될 수 있다. 이를 통해 보안 대응 속도와 정확성이 높아질 수 있다.

보안 관리 시스템에서도 AI 기술은 중요한 역할을 한다. 기업이나 기관의 보안 시스템에서는 다양한 장비와 네트워크를 관리해야 하는데, AI는 시스템 로그와 활동 데이터를 분석하여 위험 요소를 미리 파악할 수 있다. 이러한 기술은 보안 사고를 예방하고 시스템 안정성을 높이는 데 기여한다.

그러나 보안의 핵심은 단순한 기술만으로 이루어지지 않는다. 새로운 공격 방식은 계속 등장하고 있으며 이를 분석하고 대응 전략을 세우는 일은 보안 전문가의 창의적인 사고와 경험이 필요한 영역이다. 또한 보안 정책을 설계하고 조직의 보안 문화를 구축하는 일 역시 인간 전문가의 중요한 역할이다.

따라서 보안 전문가의 AI 혁명은 보안 전문가를 대체하는 변화가 아니라 보안 대응 능력을 더욱 강화하는 변화라고 할 수 있다. AI는 데이터 분석과 공격 탐지 기술을 제공하는 도구로 활용되며, 보안 전문가는 보안 전략을 설계하고 복잡한 공격에 대응하는 역할을 수행하게 된다. 앞으로의 보안 전문가는 기술적 지식과 함께 AI 기반 보안 분석 기술을 활용하는 새로운 형태의 전문가로 발전하게 될 것이다. 이러한 변화 속에서 보안 전문가는 기술과 인간의 판단을 결합하여 디지털 사회의 안전을 지키는 중요한 역할을 계속 수행하게 될 것이다.

82. 해커 대응 전문가의 AI 혁명

AI 사이버 위협 분석과 침입 탐지 시
스템은 해킹 시도를 실시간으로 분석
하고 공격 패턴을 빠르게 파악한다.

디지털 시대가 발전하면서 우리의 일상과 사회 시스템은 인
터넷과 네트워크를 중심으로 운영되고 있다. 금융 거래, 기업
운영, 국가 행정, 개인 정보 관리까지 대부분의 활동이 디지털
환경에서 이루어진다. 이러한 환경에서는 해킹과 사이버 공격
으로부터 시스템을 보호하는 일이 매우 중요해졌으며, 이러한
위협에 대응하는 사람이 바로 해커 대응 전문가이다. 해커 대응
전문가는 사이버 공격을 탐지하고 분석하며 공격을 차단하거나
피해를 최소화하는 역할을 수행한다. 오랫동안 이러한 보안 대

응 활동은 전문가의 기술적 지식과 경험, 그리고 지속적인 시스템 모니터링을 통해 이루어져 왔다. 그러나 최근 인공지능(AI) 기술의 발전은 사이버 보안 환경에도 새로운 변화를 가져오고 있으며, 이러한 변화는 '해커 대응 전문가의 AI 혁명'이라고 불릴 만큼 보안 대응 방식과 기술 환경을 변화시키고 있다.

AI는 사이버 공격 탐지 과정에서 중요한 역할을 하고 있다. 네트워크에서는 매일 방대한 양의 데이터가 생성되며 수많은 접속과 활동이 이루어진다. AI는 이러한 데이터를 분석하여 정상적인 활동과 비정상적인 접근 패턴을 구분할 수 있다. 예를 들어 의심스러운 로그인 시도나 비정상적인 데이터 이동이 발생하면 AI가 이를 빠르게 탐지하여 보안 시스템에 경고를 보낼 수 있다. 이러한 기술은 사이버 공격을 조기에 발견하고 대응하는 데 큰 도움을 준다.

또한 AI는 해킹 공격 패턴을 분석하는 데에도 활용되고 있다. 해커들은 새로운 공격 방법을 지속적으로 개발하기 때문에 이를 빠르게 파악하는 것이 중요하다. AI는 과거 공격 사례와 악성 코드 데이터를 분석하여 새로운 공격 패턴을 발견하고 보안 시스템이 이에 대응할 수 있도록 지원한다.

사이버 보안 대응 시스템에서도 AI 기술은 중요한 역할을 한다. 일부 보안 시스템에서는 AI가 자동으로 공격을 차단하거나 의심스러운 활동을 제한하는 기능을 수행하기도 한다. 이러한 자동 대응 기술은 보안 사고의 확산을 막는 데 도움을 줄 수 있다.

그러나 사이버 보안의 본질은 단순한 기술만으로 해결되는 문제는 아니다. 해커들은 끊임없이 새로운 공격 방식을 만들어 내기 때문에 이를 분석하고 대응 전략을 수립하는 일은 인간 전문가의 창의적인 사고와 경험이 필요한 영역이다. 또한 보안 정책을 설계하고 조직 전체의 보안 체계를 관리하는 일 역시 전문가의 판단이 중요하다.

따라서 해커 대응 전문가의 AI 혁명은 전문가를 대체하는 변화가 아니라 사이버 보안 대응 능력을 더욱 강화하는 변화라고 할 수 있다. AI는 방대한 데이터를 분석하고 공격을 탐지하는 도구로 활용되며, 해커 대응 전문가는 보안 전략을 설계하고 복잡한 공격에 대응하는 핵심 역할을 수행하게 된다. 앞으로의 해커 대응 전문가는 보안 기술뿐만 아니라 AI 기반 보안 분석 기술을 활용하는 새로운 형태의 전문가로 발전하게 될 것이다. 이러한 변화 속에서 해커 대응 전문가는 기술과 인간의 판단을 결합하여 디지털 사회의 안전을 지키는 중요한 역할을 계속 수행하게 될 것이다.

83. 로봇 공학자의 AI 혁명

**AI 제어 기술과 자율 학습 시스템은
로봇이 스스로 판단하고 다양한 작업
을 수행하도록 발전시키고 있다.**

　인류는 오래 전부터 인간의 일을 대신하거나 돕는 기계를 만들기 위해 노력해 왔다. 이러한 기술의 발전 속에서 등장한 분야가 바로 로봇 공학이다. 로봇 공학자는 기계, 전자, 컴퓨터 기술을 결합하여 다양한 작업을 수행할 수 있는 로봇을 설계하고 개발하는 전문가이다. 산업 현장에서 사용하는 산업용 로봇부터 의료 로봇, 서비스 로봇, 우주 탐사 로봇에 이르기까지 로봇 기술은 다양한 분야에서 활용되고 있다. 오랫동안 로봇 개발은 정밀한 기계 설계와 제어 기술을 중심으로 발전해 왔다. 그러나

최근 인공지능(AI) 기술의 발전은 로봇 공학 분야에도 큰 변화를 가져오고 있으며, 이러한 변화는 '로봇 공학자의 AI 혁명'이라고 불릴 만큼 로봇 기술의 가능성을 크게 확장시키고 있다.

AI는 로봇이 주변 환경을 인식하고 스스로 판단할 수 있도록 하는 핵심 기술이다. 과거의 로봇은 정해진 프로그램에 따라 반복적인 작업을 수행하는 기계에 가까웠지만, AI가 결합된 로봇은 센서와 카메라를 통해 주변 상황을 인식하고 다양한 환경에서 스스로 판단하며 행동할 수 있다. 이러한 기술은 로봇이 보다 복잡한 작업을 수행할 수 있도록 만드는 중요한 요소이다.

또한 AI는 로봇의 학습 능력을 향상시키는 데에도 활용되고 있다. 로봇은 AI 알고리즘을 통해 작업 경험을 학습하고 더 효율적인 행동 방식을 찾아낼 수 있다. 예를 들어 물건을 집는 로봇이 여러 번의 작업을 통해 가장 안정적인 방법을 학습하거나, 서비스 로봇이 사람의 행동을 이해하고 적절한 반응을 할 수 있도록 만드는 기술이 개발되고 있다.

로봇 개발 과정에서도 AI 기술은 중요한 역할을 한다. 로봇의 움직임을 시뮬레이션하고 다양한 환경에서의 동작을 분석하는 과정에서 AI는 최적의 설계와 제어 방식을 찾는 데 도움을 줄 수 있다. 이러한 기술은 로봇 개발의 효율성을 높이고 새로운 기능을 구현하는 데 기여한다.

그러나 로봇 기술의 발전은 단순한 알고리즘이나 자동화 기술만으로 이루어지지 않는다. 로봇이 어떤 역할을 수행해야 하는지 결정하고 인간 사회와 조화를 이루도록 설계하는 일은 로봇 공학자의 창의적인 사고와 윤리적 판단이 필요한 영역이다. 로봇 기술이 사회에 미치는 영향을 고려하며 안전하고 유용한 기술을 개발하는 책임 역시 인간 전문가에게 있다.

따라서 로봇 공학자의 AI 혁명은 로봇 공학자를 대체하는 변화가 아니라 로봇 기술의 가능성을 더욱 확장하는 변화라고 할 수 있다. AI는 로봇의 인식과 학습 능력을 강화하는 도구로 활용되며, 로봇 공학자는 이러한 기술을 바탕으로 새로운 로봇 시스템을 설계하는 역할을 수행하게 된다. 앞으로의 로봇 공학자는 기계 공학과 컴퓨터 과학 지식뿐만 아니라 AI 기술을 함께 활용하는 새로운 형태의 기술 전문가로 발전하게 될 것이다. 이러한 변화 속에서 로봇 공학자는 기술과 인간의 삶을 연결하며 미래 사회의 혁신적인 로봇 기술을 만들어 가는 중요한 역할을 계속 수행하게 될 것이다.

84. 드론 전문가의 AI 혁명

AI 자율 비행 기술과 영상 분석 시스템은 드론이 스스로 경로를 판단하고 다양한 임무를 수행하도록 돕는다.

하늘을 활용하는 기술은 인류에게 새로운 가능성을 열어 왔다. 과거에는 항공기와 위성만이 하늘에서 활동할 수 있었지만, 최근에는 드론 기술의 발전으로 하늘을 활용하는 방식이 크게 확대되고 있다. 드론은 작은 무인 항공기로 촬영, 물류, 농업, 재난 대응 등 다양한 분야에서 활용되고 있다. 이러한 드론을 설계하고 운영하며 다양한 산업에 적용하는 전문가가 바로 드론 전문가이다. 드론 전문가는 드론의 비행 시스템을 관리하고 촬영이나 관측, 배송과 같은 다양한 임무를 수행하도록 기술을

개발하고 운영한다. 오랫동안 드론 기술은 원격 조종과 센서 기술을 중심으로 발전해 왔다. 그러나 최근 인공지능(AI) 기술의 발전은 드론 산업에도 새로운 변화를 가져오고 있으며, 이러한 변화는 '드론 전문가의 AI 혁명'이라고 불릴 만큼 드론 활용 방식과 기술 환경을 변화시키고 있다.

AI는 드론의 자율 비행 기술에서 중요한 역할을 하고 있다. 과거의 드론은 사람이 직접 조종해야 하는 경우가 많았지만, AI 기반 자율 비행 기술이 발전하면서 드론이 스스로 경로를 계산하고 장애물을 피하며 비행할 수 있게 되었다. 이러한 기술은 드론이 보다 안전하고 효율적으로 임무를 수행할 수 있도록 돕는다.

또한 AI는 드론이 수집한 데이터를 분석하는 데에도 활용되고 있다. 드론은 공중에서 촬영한 영상이나 환경 데이터를 수집할 수 있는데, AI는 이러한 데이터를 분석하여 농작물 상태를 확인하거나 재난 피해 상황을 파악하는 데 도움을 준다. 이러한 기술은 농업 관리나 환경 보호, 재난 대응 등 다양한 분야에서 활용되고 있다.

물류 산업에서도 AI 기반 드론 기술은 중요한 역할을 한다. 드론 배송 시스템에서는 AI가 배송 경로를 분석하고 날씨나 교통 상황을 고려하여 최적의 비행 경로를 선택할 수 있다. 이러한 기술은 물류 효율성을 높이고 새로운 배송 서비스를 가능하게 한다.

그러나 드론 기술의 발전은 단순한 자동화 기술만으로 이루어지지 않는다. 드론이 어떤 임무를 수행해야 하는지 결정하고 안전한 비행 환경을 설계하는 일은 드론 전문가의 경험과 기술적 판단이 필요한 영역이다. 또한 드론 기술이 사회와 환경에 미치는 영향을 고려하는 책임 역시 전문가에게 있다.

따라서 드론 전문가의 AI 혁명은 드론 전문가를 대체하는 변화가 아니라 드론 기술의 활용 범위를 확장하는 변화라고 할 수 있다. AI는 자율 비행과 데이터 분석을 지원하는 도구로 활용되며, 드론 전문가는 이러한 기술을 활용하여 다양한 산업에 드론을 적용하는 역할을 수행하게 된다. 앞으로의 드론 전문가는 항공 기술과 함께 AI 기반 비행 시스템을 이해하는 새로운 형태의 기술 전문가로 발전하게 될 것이다. 이러한 변화 속에서 드론 전문가는 기술과 산업을 연결하며 미래의 공중 활용 기술을 만들어 가는 중요한 역할을 계속 수행하게 될 것이다.

85. 스마트 농업 기술자의 AI 혁명

**AI 작물 분석과 농업 데이터 기술은
토양, 날씨, 작물 생장 정보를 분석해
정밀한 농업 관리를 가능하게 한다.**

　농업은 인류의 생존을 위해 가장 오래된 산업 가운데 하나이
다. 사람들은 오랜 세월 동안 농사를 통해 식량을 생산하고 자
연과 함께 살아왔다. 그러나 현대 사회에서는 기후 변화와 인구
증가, 농업 인력 감소와 같은 다양한 문제로 인해 농업 환경이
빠르게 변화하고 있다. 이러한 변화 속에서 농업에 첨단 기술을
도입하여 생산성을 높이고 효율적인 농업 환경을 만드는 역할
을 하는 사람이 바로 스마트 농업 기술자이다. 스마트 농업 기
술자는 센서, 드론, 데이터 분석 시스템 등을 활용하여 농작물

의 생육 상태를 관리하고 농업 생산 과정을 자동화하는 기술을 개발한다. 최근 인공지능(AI) 기술의 발전은 농업 분야에도 큰 변화를 가져오고 있으며, 이러한 변화는 '스마트 농업 기술자의 AI 혁명'이라고 불릴 만큼 농업의 방식과 환경을 새롭게 바꾸고 있다.

AI는 농작물 생육 관리에서 중요한 역할을 하고 있다. 농작물은 온도, 습도, 토양 상태, 햇빛 등의 환경 조건에 따라 성장하기 때문에 이러한 요소를 정확하게 관리하는 것이 중요하다. AI는 센서와 위성 데이터, 기상 정보를 분석하여 농작물의 성장 상태를 파악하고 적절한 물 공급이나 비료 사용 시점을 예측할 수 있다. 이러한 기술은 농작물 생산성을 높이고 자원을 효율적으로 사용하는 데 도움을 준다.

또한 AI는 병해충 관리에서도 활용되고 있다. 농작물에 발생하는 병이나 해충을 조기에 발견하는 것은 매우 중요하다. AI 기반 영상 분석 시스템은 농작물의 잎이나 줄기 상태를 분석하여 병해충 발생 가능성을 빠르게 발견할 수 있다. 이를 통해 농부는 필요한 조치를 빠르게 취할 수 있으며 농작물 피해를 줄일 수 있다.

농업 자동화 기술에서도 AI는 중요한 역할을 한다. 자율 주행 농기계나 자동 수확 로봇은 AI를 활용하여 농작물을 인식하고 작업을 수행할 수 있다. 이러한 기술은 농업 인력 부족 문제를 해결하고 농작업의 효율성을 높이는 데 기여한다.

그러나 농업의 본질은 단순한 기술만으로 이루어지지 않는다. 자연 환경을 이해하고 지역의 토양과 기후 조건을 고려하며 농업의 지속 가능성을 고민하는 일은 인간 농업 전문가의 경험과 지혜가 필요한 영역이다. 또한 농업은 지역 사회와 환경에 깊이 연결된 산업이기 때문에 균형 있는 관리가 중요하다.

따라서 스마트 농업 기술자의 AI 혁명은 농업 전문가를 대체하는 변화가 아니라 농업의 생산성과 지속 가능성을 높이는 변화라고 할 수 있다. AI는 데이터 분석과 자동화 기술을 통해 농업을 지원하며, 스마트 농업 기술자는 이러한 기술을 활용하여 새로운 농업 시스템을 설계하는 역할을 수행하게 된다. 앞으로의 스마트 농업 기술자는 농업 지식과 함께 AI 기반 농업 관리 기술을 활용하는 새로운 형태의 전문가로 발전하게 될 것이다. 이러한 변화 속에서 스마트 농업 기술자는 기술과 자연을 연결하며 미래 농업의 혁신을 이끄는 중요한 역할을 계속 수행하게 될 것이다

86. 스마트 공장 관리자의 AI 혁명

AI 생산 분석과 공정 관리 시스템은
공장의 생산 데이터를 실시간으로 분
석해 효율적인 운영을 가능하게 한다.

　산업 혁명 이후 제조업은 인류의 경제 발전을 이끄는 핵심 산업으로 자리 잡았다. 공장은 제품을 생산하고 기술 혁신을 실현하는 공간이며, 이러한 생산 시스템을 효율적으로 운영하고 관리하는 사람이 바로 공장 관리자이다. 공장 관리자는 생산 계획을 수립하고 설비를 관리하며 작업 환경을 유지하는 역할을 수행한다. 오랫동안 공장 운영은 사람의 경험과 숙련된 기술, 그리고 기계 설비 관리 능력을 중심으로 이루어져 왔다. 그러나 최근 인공지능(AI)과 디지털 기술의 발전은 제조 산업에도 큰

변화를 가져오고 있으며, 이러한 변화는 '스마트 공장 관리자의 AI 혁명'이라고 불릴 만큼 공장 운영 방식과 생산 환경을 변화시키고 있다.

AI는 공장 생산 데이터를 분석하는 데 중요한 역할을 하고 있다. 현대의 공장에서는 생산 설비와 센서가 다양한 데이터를 생성하며, 이러한 데이터에는 생산 속도, 장비 상태, 품질 정보 등이 포함된다. AI는 이러한 데이터를 분석하여 생산 효율을 높이고 공정의 문제점을 발견하는 데 도움을 줄 수 있다. 이를 통해 공장은 보다 안정적이고 효율적인 생산 시스템을 운영할 수 있다.

또한 AI는 설비 관리와 유지 보수에서도 활용되고 있다. 공장 장비는 지속적인 관리가 필요하며 고장이 발생하면 생산이 중단될 수 있다. AI 기반 예측 유지 보수 시스템은 설비의 작동 데이터를 분석하여 고장 가능성을 미리 예측하고 필요한 정비 시점을 알려 줄 수 있다. 이러한 기술은 공장의 생산 중단을 줄이고 운영 비용을 절감하는 데 기여한다.

생산 공정 자동화에서도 AI 기술은 중요한 역할을 한다. 스마트 공장에서는 로봇과 자동화 설비가 생산 공정을 수행하며, AI는 이러한 시스템을 통합적으로 관리하고 생산 흐름을 최적화하는 데 활용된다. 이를 통해 공장은 더욱 정밀하고 효율적인 생산 환경을 구축할 수 있다.

그러나 공장 운영의 핵심은 단순한 자동화 시스템만으로 이루어지지 않는다. 생산 전략을 수립하고 작업 환경을 개선하며 다양한 상황에 대응하는 일은 공장 관리자의 경험과 판단이 필요한 영역이다. 또한 노동자와 기술 시스템이 조화를 이루도록 관리하는 역할 역시 중요한 책임이다.

따라서 스마트 공장 관리자의 AI 혁명은 공장 관리자를 대체하는 변화가 아니라 제조 산업의 효율성과 경쟁력을 높이는 변화라고 할 수 있다. AI는 생산 데이터를 분석하고 자동화 시스템을 지원하는 도구로 활용되며, 공장 관리자는 전체 생산 시스템을 조율하고 전략을 수립하는 역할을 수행하게 된다. 앞으로의 공장 관리자는 제조 지식뿐만 아니라 AI 기반 생산 관리 기술을 활용하는 새로운 형태의 산업 전문가로 발전하게 될 것이다. 이러한 변화 속에서 스마트 공장 관리자는 기술과 산업 현장을 연결하며 미래 제조 산업의 혁신을 이끄는 중요한 역할을 계속 수행하게 될 것이다.

87. 에너지 산업 전문가의 AI 혁명

AI 에너지 분석과 스마트 그리드 기술은 전력 생산과 소비 데이터를 분석해 효율적인 에너지 관리가 가능하게 한다.

에너지는 현대 사회를 움직이는 가장 중요한 기반이다. 전기, 석유, 가스, 신재생 에너지 등 다양한 에너지 자원은 산업 생산과 교통, 생활 환경을 유지하는 데 필수적인 역할을 한다. 이러한 에너지를 생산하고 관리하며 효율적으로 공급하는 분야가 바로 에너지 산업이다. 그리고 이 산업에서 기술과 정책, 운영을 담당하는 사람이 에너지 산업 전문가이다. 에너지 산업 전문가는 발전소 운영, 에너지 정책 연구, 전력 시스템 관리, 신재생 에너지 개발 등 다양한 분야에서 활동하며 안정적인 에너지 공

급을 유지하는 역할을 수행한다. 오랫동안 에너지 산업은 발전 기술과 설비 관리, 그리고 수요 예측을 중심으로 운영되어 왔다. 그러나 최근 인공지능(AI) 기술의 발전은 에너지 산업에도 새로운 변화를 가져오고 있으며, 이러한 변화는 '에너지 산업 전문가의 AI 혁명'이라고 불릴 만큼 에너지 관리와 생산 방식에 큰 영향을 미치고 있다.

AI는 에너지 수요 예측에서 중요한 역할을 하고 있다. 도시와 산업에서 사용하는 전력은 시간과 계절에 따라 크게 변화하기 때문에 정확한 수요 예측이 필요하다. AI는 과거 전력 사용 데이터와 기상 정보, 산업 활동 데이터를 분석하여 에너지 수요를 보다 정확하게 예측할 수 있다. 이러한 기술은 전력 공급을 안정적으로 유지하고 에너지 낭비를 줄이는 데 도움을 준다.

또한 AI는 발전소 운영과 설비 관리에서도 활용되고 있다. 발전 설비는 안정적인 운영이 중요하며 작은 이상도 큰 문제로 이어질 수 있다. AI 기반 분석 시스템은 설비 데이터를 실시간으로 분석하여 이상 징후를 발견하고 유지 보수 시점을 예측할 수 있다. 이를 통해 발전 설비의 안정성과 운영 효율성을 높일 수 있다.

신재생 에너지 관리에서도 AI 기술은 중요한 역할을 한다. 태양광이나 풍력 발전은 자연 환경에 영향을 받기 때문에 생산량이 일정하지 않은 특징이 있다. AI는 기상 데이터와 발전 데이터를 분석하여 발전량을 예측하고 전력망 운영을 최적화하는 데 도움을 줄 수 있다. 이러한 기술은 친환경 에너지 활용을 확대하는 데 기여하고 있다.

그러나 에너지 산업의 핵심은 단순한 데이터 분석이나 기술만으로 이루어지지 않는다. 국가의 에너지 정책을 설계하고 장기적인 에너지 전략을 수립하는 일은 에너지 전문가의 경험과 사회적 판단이 필요한 영역이다. 또한 에너지 산업은 환경과 경제, 사회적 요구를 균형 있게 고려해야 하는 중요한 분야이다.

따라서 에너지 산업 전문가의 AI 혁명은 전문가를 대체하는 변화가 아니라 에너지 관리와 운영의 효율성을 높이는 변화라고 할 수 있다. AI는 데이터 분석과 시스템 운영을 지원하는 도구로 활용되며, 에너지 산업 전문가는 정책과 기술 전략을 설계하는 역할을 수행하게 된다. 앞으로의 에너지 산업 전문가는 에너지 공학 지식과 함께 AI 기반 에너지 관리 기술을 활용하는 새로운 형태의 전문가로 발전하게 될 것이다. 이러한 변화 속에서 에너지 산업 전문가는 기술과 지속 가능한 발전을 연결하며 미래 에너지 사회를 만들어 가는 중요한 역할을 계속 수행하게 될 것이다.

88. 해양 연구자의 AI 혁명

AI 해양 데이터 분석과 해양 탐사 기술은 바다의 환경 변화와 해양 생태계를 더욱 정밀하게 연구하도록 돕는다.

　지구의 표면 대부분은 바다로 이루어져 있으며, 해양은 인류의 삶과 환경에 매우 중요한 영향을 미친다. 바다는 기후를 조절하고 다양한 생물의 서식지가 되며, 수산 자원과 해양 에너지를 제공하는 중요한 자연 공간이다. 이러한 바다의 환경과 생태계를 연구하는 사람이 바로 해양 연구자이다. 해양 연구자는 해류, 해양 생태계, 해양 자원, 기후 변화 등 다양한 주제를 연구하며 바다의 변화를 이해하고 보호하는 역할을 수행한다. 오랫동안 해양 연구는 선박 탐사와 관측 장비, 그리고 장기간의 데

이터 분석을 통해 이루어져 왔다. 그러나 최근 인공지능(AI) 기술의 발전은 해양 연구 환경에도 새로운 변화를 가져오고 있으며, 이러한 변화는 '해양 연구자의 AI 혁명'이라고 불릴 만큼 연구 방식과 분석 기술을 크게 발전시키고 있다.

AI는 해양 데이터 분석에서 중요한 역할을 하고 있다. 바다에서는 위성 관측, 해양 센서, 탐사 장비 등을 통해 매우 많은 데이터가 수집된다. 이러한 데이터에는 해수 온도, 염분 농도, 해류의 흐름, 해양 생물의 이동 정보 등이 포함된다. AI는 이러한 방대한 데이터를 분석하여 해양 환경의 변화를 파악하고 미래 변화를 예측하는 데 도움을 줄 수 있다.

또한 AI는 해양 생태계 연구에서도 활용되고 있다. 해양 생물의 이동 경로나 개체 수 변화를 분석하는 과정에서 AI 기반 영상 분석 기술이 활용될 수 있다. 예를 들어 해양 생물의 영상 자료를 분석하여 특정 종의 분포와 행동 패턴을 파악할 수 있으며, 이를 통해 해양 생태계 보호 정책을 수립하는 데 중요한 자료를 제공할 수 있다.

해양 탐사 기술에서도 AI는 중요한 역할을 한다. 무인 잠수정이나 해양 탐사 드론에 AI 기술이 적용되면서 사람이 직접 접근하기 어려운 심해 지역에서도 탐사가 가능해지고 있다. 이러한 장비는 해저 지형을 분석하거나 새로운 해양 자원을 발견하는 데 활용되고 있다.

그러나 해양 연구의 본질은 단순한 데이터 분석만으로 이루어지지 않는다. 해양 환경의 변화가 지구 생태계와 인간 사회에 어떤 영향을 미치는지 이해하고 장기적인 연구 방향을 설정하는 일은 해양 연구자의 경험과 과학적 통찰이 필요한 영역이다. 또한 해양 보호와 지속 가능한 이용을 위한 정책 제안 역시 인간 연구자의 중요한 역할이다.

따라서 해양 연구자의 AI 혁명은 해양 연구자를 대체하는 변화가 아니라 해양 연구의 가능성을 더욱 확장하는 변화라고 할 수 있다. AI는 해양 데이터를 분석하고 탐사 활동을 지원하는 도구로 활용되며, 해양 연구자는 연구 방향을 설계하고 바다의 미래를 이해하는 역할을 수행하게 된다. 앞으로의 해양 연구자는 해양 과학 지식과 함께 AI 기반 데이터 분석 기술을 활용하는 새로운 형태의 과학자로 발전하게 될 것이다. 이러한 변화 속에서 해양 연구자는 기술과 과학을 결합하여 바다의 비밀을 밝히고 지구 환경을 보호하는 중요한 역할을 계속 수행하게 될 것이다.

89. 기상 전문가의 AI 혁명

AI 기상 분석과 기후 예측 모델은 방
대한 기상 데이터를 분석해 날씨와 기
후 변화를 더욱 정확하게 예측하도록
돕는다.

날씨는 인간의 일상과 산업 활동에 큰 영향을 미치는 자연 현
상이다. 비, 눈, 태풍, 폭염과 같은 기상 변화는 농업, 교통, 에
너지, 재난 관리 등 다양한 분야에 중요한 영향을 준다. 이러한
기상 현상을 관측하고 분석하여 미래의 날씨를 예측하는 사람
이 바로 기상 전문가이다. 기상 전문가는 대기 상태를 관측하고
기상 데이터를 분석하여 날씨 예보를 제공하며 기후 변화와 같
은 장기적인 환경 변화를 연구하는 역할을 수행한다. 오랫동안
기상 예측은 관측 장비와 수치 예보 모델을 기반으로 이루어져

왔으며, 전문가의 경험과 분석 능력이 중요한 역할을 해 왔다. 그러나 최근 인공지능(AI) 기술의 발전은 기상 연구와 예보 시스템에도 새로운 변화를 가져오고 있으며, 이러한 변화는 '기상 전문가의 AI 혁명'이라고 불릴 만큼 기상 분석과 예측 방식에 큰 영향을 미치고 있다.

AI는 기상 데이터 분석에서 중요한 역할을 하고 있다. 기상 관측은 위성, 레이더, 기상 관측소, 해양 부이 등 다양한 장비를 통해 이루어지며 매우 방대한 데이터가 생성된다. AI는 이러한 데이터를 빠르게 분석하여 대기 흐름의 패턴을 파악하고 날씨 변화의 가능성을 예측하는 데 도움을 줄 수 있다. 이러한 기술은 예보의 정확성을 높이고 기상 변화에 대한 대응 시간을 확보하는 데 기여한다.

또한 AI는 기상 예측 모델을 개선하는 데에도 활용되고 있다. 기존의 기상 예측 모델은 복잡한 수치 계산을 통해 대기의 움직임을 분석하는 방식이었지만, AI는 과거 기상 데이터를 학습하여 특정 기상 패턴을 보다 빠르게 예측할 수 있다. 이러한 기술은 태풍의 이동 경로나 강수량 예측과 같은 중요한 기상 정보의 정확성을 높이는 데 도움을 준다.

재난 대응 분야에서도 AI 기반 기상 분석 기술은 중요한 역할을 한다. 폭우나 태풍, 산불과 같은 자연재해는 기상 조건과 밀접하게 연결되어 있기 때문에 AI는 기상 데이터를 분석하여 위험 지역을 예측하고 사전에 경고를 제공하는 데 활용될 수 있다. 이러한 기술은 인명 피해와 재산 피해를 줄이는 데 중요한 역할을 한다.

그러나 기상 연구의 본질은 단순한 데이터 분석만으로 이루어지지 않는다. 대기의 복잡한 움직임을 이해하고 다양한 자연 현상을 종합적으로 해석하는 일은 기상 전문가의 과학적 지식과 경험이 필요한 영역이다. 또한 기후 변화와 같은 장기적인 환경 문제를 연구하고 사회에 필요한 정보를 제공하는 역할 역시 인간 전문가의 책임이다.

따라서 기상 전문가의 AI 혁명은 기상 전문가를 대체하는 변화가 아니라 기상 연구와 예측 능력을 더욱 강화하는 변화라고 할 수 있다. AI는 방대한 기상 데이터를 분석하고 예측 모델을 지원하는 도구로 활용되며, 기상 전문가는 이러한 정보를 바탕으로 정확한 해석과 판단을 제공하는 역할을 수행하게 된다. 앞으로의 기상 전문가는 대기 과학 지식과 함께 AI 기반 데이터 분석 기술을 활용하는 새로운 형태의 과학자로 발전하게 될 것이다. 이러한 변화 속에서 기상 전문가는 기술과 과학을 결합하여 자연의 변화를 이해하고 사회의 안전을 지키는 중요한 역할을 계속 수행하게 될 것이다.

90. 교육의 AI 혁명

AI 학습 분석과 스마트 교육 플랫폼은 학생들의 학습 수준과 이해도를 분석해 맞춤형 교육을 가능하게 한다.

교육은 인간 사회의 발전을 이끄는 가장 중요한 기반 가운데 하나이다. 사람들은 교육을 통해 지식을 배우고 사고 능력을 키우며 사회 속에서 살아가는 방법을 익힌다. 학교와 교육 기관은 세대와 세대를 연결하며 지식과 문화를 전달하는 역할을 수행해 왔다. 오랫동안 교육은 교사와 학생이 교실에서 만나 수업을 진행하는 방식으로 이루어져 왔으며, 교사의 경험과 교육 방법이 학습의 중심이 되어 왔다. 그러나 최근 인공지능(AI) 기술의 발전은 교육 환경에도 새로운 변화를 가져오고 있으며, 이러한

변화는 '교육의 AI 혁명'이라고 불릴 만큼 학습 방식과 교육 시스템을 크게 변화시키고 있다.

AI는 개인 맞춤형 학습을 가능하게 하는 중요한 기술로 활용되고 있다. 학생들은 각자 학습 속도와 이해 수준이 다르기 때문에 같은 방식의 수업이 모든 학생에게 효과적이지 않을 수 있다. AI 기반 학습 시스템은 학생의 학습 기록과 문제 풀이 데이터를 분석하여 개인의 수준에 맞는 학습 자료와 문제를 제공할수 있다. 이러한 기술은 학생이 자신의 속도에 맞게 학습할 수 있도록 돕는다.

또한 AI는 교육 자료 제작과 학습 지원에서도 활용되고 있다. AI는 다양한 교육 콘텐츠를 정리하고 요약하거나 설명 자료를 제공하여 학생들이 학습 내용을 이해하는 데 도움을 줄 수 있다. 또한 언어 학습이나 과학 교육과 같은 분야에서는 AI 기반 학습 프로그램이 다양한 연습과 피드백을 제공할 수 있다.

교육 관리와 평가에서도 AI 기술은 중요한 역할을 한다. 학생의 학습 데이터를 분석하여 학습 성과를 평가하거나 학습 과정에서 어려움을 겪는 부분을 발견하는 데 AI가 활용될 수 있다. 이러한 분석은 교사가 학생의 학습 상황을 보다 정확하게 이해하고 효과적인 지도 방법을 설계하는 데 도움을 준다.

그러나 교육의 본질은 단순한 지식 전달이나 기술적 학습 시스템만으로 이루어지지 않는다. 학생의 성장과 인격 형성, 사회적 가치 교육은 교사와 학생 사이의 관계와 인간적인 지도 속에서 이루어진다. 교육은 지식을 넘어 인간의 삶과 태도를 형성하는 과정이기 때문이다.

따라서 교육의 AI 혁명은 교사를 대체하는 변화가 아니라 교육의 가능성을 확장하는 변화라고 할 수 있다. AI는 학습 데이터를 분석하고 맞춤형 교육을 지원하는 도구로 활용되며, 교사는 학생의 사고와 인격을 성장시키는 역할을 수행하게 된다. 앞으로의 교육은 교사의 지도와 AI 기반 학습 기술이 함께 발전하는 새로운 교육 환경으로 변화하게 될 것이다. 이러한 변화 속에서 교육은 기술과 인간적인 배움을 결합하여 미래 사회를 이끌어 갈 인재를 길러 내는 중요한 역할을 계속 수행하게 될 것이다.

91. 온라인 교육의 AI 혁명

**AI 학습 분석과 지능형 교육 플랫폼은
학습자의 수준과 속도에 맞는 맞춤형
온라인 교육을 가능하게 한다.**

　인터넷과 디지털 기술의 발전은 교육의 공간과 방식을 크게 변화시켜 왔다. 과거에는 학교 교실에서 이루어지는 교육이 대부분이었지만, 이제는 인터넷을 통해 언제 어디서나 학습할 수 있는 온라인 교육이 빠르게 확산되고 있다. 온라인 교육은 시간과 장소의 제약을 줄여 더 많은 사람들이 다양한 지식을 접할 수 있도록 돕는 새로운 교육 형태이다. 이러한 환경 속에서 교육 콘텐츠를 제작하고 학습 시스템을 운영하는 분야가 온라인 교육 산업으로 발전하고 있다. 그러나 최근 인공지능(AI) 기술

의 발전은 온라인 교육 환경에도 큰 변화를 가져오고 있으며, 이러한 변화는 '온라인 교육의 AI 혁명'이라고 불릴 만큼 학습 방식과 교육 시스템의 구조를 새롭게 바꾸고 있다.

AI는 온라인 학습에서 개인 맞춤형 교육을 가능하게 하는 핵심 기술로 활용되고 있다. 온라인 학습 플랫폼에서는 수많은 학생이 다양한 수준과 목적을 가지고 학습에 참여하는데, AI는 학습자의 학습 기록과 문제 풀이 패턴을 분석하여 개인의 이해 수준에 맞는 학습 콘텐츠를 제공할 수 있다. 이를 통해 학습자는 자신의 속도와 능력에 맞는 교육을 받을 수 있다.

또한 AI는 학습 콘텐츠 제작 과정에서도 중요한 역할을 하고 있다. 강의 자료 정리, 영상 자막 생성, 교육 자료 요약 등 다양한 작업을 AI가 지원함으로써 교육 콘텐츠 제작의 효율성이 높아지고 있다. 이러한 기술은 더 많은 교육 콘텐츠가 빠르게 제작되고 다양한 학습 기회가 제공되는 데 기여한다.

온라인 학습 관리에서도 AI 기술은 활용되고 있다. AI는 학습자의 활동 데이터를 분석하여 학습 진행 상황을 파악하고 학습 동기를 높이기 위한 피드백을 제공할 수 있다. 예를 들어 학습자가 특정 과목에서 어려움을 겪고 있을 때 추가 학습 자료를 추천하거나 복습을 제안하는 기능이 활용되고 있다.

그러나 교육의 본질은 단순한 콘텐츠 전달이나 기술적 시스템만으로 이루어지지 않는다. 학습자의 생각을 이끌어 내고 깊이 있는 이해를 돕는 과정은 교육자의 지도와 인간적인 소통을 통해 이루어진다. 또한 학습 동기를 유지하고 학습 공동체를 형성하는 과정 역시 인간 교육자의 중요한 역할이다.

따라서 온라인 교육의 AI 혁명은 교육자를 대체하는 변화가 아니라 교육의 가능성을 더욱 확장하는 변화라고 할 수 있다. AI는 학습 데이터를 분석하고 맞춤형 교육을 지원하는 도구로 활용되며, 교육자는 학습자의 성장과 이해를 돕는 역할을 수행하게 된다. 앞으로의 온라인 교육은 인간 교육자의 지도와 AI 기반 학습 기술이 결합된 새로운 형태의 교육 환경으로 발전하게 될 것이다. 이러한 변화 속에서 온라인 교육은 더 많은 사람들에게 학습 기회를 제공하고 평생 교육 사회를 만들어 가는 중요한 역할을 계속 수행하게 될 것이다.

92. 어린이 교육의 AI 혁명

AI 학습 분석과 교육 콘텐츠 기술은
어린이의 이해도와 학습 속도에 맞는
맞춤형 교육을 가능하게 한다.

어린이 교육은 인간의 성장 과정에서 가장 중요한 단계 가운데 하나이다. 어린 시절에 형성되는 사고 능력과 학습 습관, 사회적 태도는 이후 삶의 방향에 큰 영향을 미친다. 이러한 이유로 어린이 교육은 단순히 지식을 전달하는 과정이 아니라 아이들이 세상을 이해하고 건강한 인격을 형성하도록 돕는 중요한 교육 활동이다. 교사와 부모, 교육 전문가들은 오랫동안 아이들의 발달 단계와 학습 특성을 고려하여 다양한 교육 방법을 연구해 왔다. 그러나 최근 인공지능(AI) 기술의 발전은 어린이 교육

환경에도 새로운 변화를 가져오고 있으며, 이러한 변화는 '어린이 교육의 AI 혁명'이라고 불릴 만큼 교육 방식과 학습 환경에 큰 영향을 미치고 있다.

AI는 어린이의 학습 수준과 관심을 분석하여 맞춤형 학습 환경을 제공하는 데 활용되고 있다. 어린이들은 각자 학습 속도와 이해 능력이 다르기 때문에 동일한 방식의 교육이 모든 아이에게 효과적이지 않을 수 있다. AI 기반 교육 프로그램은 어린이의 학습 기록과 문제 해결 과정을 분석하여 개인에게 적합한 학습 콘텐츠와 난이도를 제공할 수 있다. 이러한 기술은 아이들이 자신의 속도에 맞게 학습할 수 있도록 돕는다.

또한 AI는 놀이와 학습을 결합한 교육 콘텐츠 개발에서도 활용되고 있다. 어린이들은 놀이를 통해 자연스럽게 학습하는 경우가 많기 때문에 게임형 학습 프로그램이나 인터랙티브 교육 콘텐츠가 효과적인 학습 도구로 활용될 수 있다. AI는 이러한 콘텐츠 속에서 어린이의 반응과 참여도를 분석하여 보다 흥미로운 학습 경험을 제공할 수 있다.

언어 학습과 기초 교육에서도 AI 기술은 중요한 역할을 한다. AI 기반 학습 시스템은 어린이의 발음이나 읽기 능력을 분석하여 맞춤형 피드백을 제공할 수 있으며, 수학이나 과학과 같은 기초 학습에서도 다양한 문제 풀이 연습을 지원할 수 있다. 이러한 기술은 어린이들이 학습 과정에서 자신감을 키우는 데 도움을 줄 수 있다.

그러나 어린이 교육의 본질은 단순한 기술적 학습 시스템만으로 이루어지지 않는다. 아이들은 교사와 부모의 관심과 격려 속에서 사회적 관계를 배우고 감정과 공감 능력을 키워 나간다. 또한 협력과 배려, 책임감과 같은 중요한 가치 역시 인간적인 교육 환경 속에서 형성된다.

따라서 어린이 교육의 AI 혁명은 교사를 대체하는 변화가 아니라 어린이 교육의 가능성을 확장하는 변화라고 할 수 있다. AI는 학습을 지원하는 도구로 활용되며, 교사와 부모는 아이들의 성장과 인격 형성을 이끄는 중요한 역할을 수행하게 된다. 앞으로의 어린이 교육은 인간적인 교육과 AI 기반 학습 기술이 함께 발전하는 새로운 형태의 교육 환경으로 변화하게 될 것이다. 이러한 변화 속에서 어린이 교육은 기술과 인간적인 배움을 결합하여 미래 사회를 이끌어 갈 건강한 인재를 키우는 중요한 역할을 계속 수행하게 될 것이다.

93. 노인 돌봄의 AI 혁명

**AI 건강 모니터링과 돌봄 로봇 기술은
노인의 건강 상태를 실시간으로 관리하
고 안전을 돕는다.**

현대 사회는 빠르게 고령화가 진행되고 있다. 의료 기술의 발
전과 생활 수준의 향상으로 평균 수명이 늘어나면서 노인 인구
가 점점 증가하고 있으며, 이에 따라 노인 돌봄의 중요성도 더
욱 커지고 있다. 노인 돌봄은 단순히 신체적인 도움을 제공하는
것을 넘어 건강 관리와 정서적 지원, 그리고 안전한 생활 환경
을 제공하는 중요한 사회적 활동이다. 이러한 돌봄을 수행하는
분야에는 요양보호사, 간호 인력, 사회복지사 등 다양한 전문가
들이 참여하고 있다. 그러나 최근 인공지능(AI) 기술의 발전은

노인 돌봄 환경에도 새로운 변화를 가져오고 있으며, 이러한 변화는 '노인 돌봄의 AI 혁명'이라고 불릴 만큼 돌봄 서비스의 방식과 가능성을 확장시키고 있다.

AI는 노인의 건강 관리에서 중요한 역할을 하고 있다. 스마트 센서와 웨어러블 기기를 통해 노인의 심박수, 활동량, 수면 상태와 같은 건강 데이터를 실시간으로 수집할 수 있으며, AI는 이러한 데이터를 분석하여 건강 상태의 변화를 빠르게 파악할 수 있다. 이를 통해 의료진이나 돌봄 인력이 필요한 조치를 신속하게 취할 수 있게 된다.

또한 AI는 노인의 안전을 보호하는 데에도 활용되고 있다. 스마트 홈 시스템과 AI 기반 감지 기술은 집 안에서 발생할 수 있는 위험 상황을 감지하고 도움을 요청하는 기능을 제공할 수 있다. 예를 들어 낙상 사고가 발생했을 때 자동으로 보호자나 의료 기관에 알림을 보내는 시스템이 개발되고 있다. 이러한 기술은 노인이 보다 안전하게 생활할 수 있도록 돕는다.

정서적 지원 분야에서도 AI 기술은 활용되고 있다. AI 기반 대화 시스템이나 돌봄 로봇은 노인과 간단한 대화를 나누거나 음악과 정보를 제공하여 외로움을 줄이는 데 도움을 줄 수 있다. 이러한 기술은 노인의 정서적 안정과 생활 만족도를 높이는 데 기여할 수 있다.

그러나 돌봄의 본질은 단순한 기술적 지원만으로 이루어지지 않는다. 노인의 삶을 이해하고 공감하며 따뜻한 관계를 형성하는 일은 인간 돌봄 전문가의 중요한 역할이다. 인간적인 관심과 정서적 교류는 노인의 삶의 질을 높이는 데 매우 중요한 요소이다.

따라서 노인 돌봄의 AI 혁명은 돌봄 인력을 대체하는 변화가 아니라 돌봄 환경을 더욱 안전하고 효율적으로 만드는 변화라고 할 수 있다. AI는 건강 관리와 안전 보호를 지원하는 도구로 활용되며, 돌봄 전문가들은 노인의 삶을 이해하고 정서적 지원을 제공하는 역할을 수행하게 된다. 앞으로의 노인 돌봄은 인간의 따뜻한 돌봄과 AI 기반 기술이 함께 발전하는 새로운 형태의 돌봄 환경으로 변화하게 될 것이다. 이러한 변화 속에서 노인 돌봄은 기술과 인간적인 배려를 결합하여 더 안전하고 존엄한 노후 생활을 지원하는 중요한 역할을 계속 수행하게 될 것이다.

94. 헬스 산업의 AI 혁명

AI 건강 데이터 분석과 스마트 운동 기술은 개인의 신체 상태와 운동 패턴을 분석해 맞춤형 건강 관리를 가능하게 한다.

    건강은 인간의 삶에서 가장 중요한 가치 가운데 하나이다. 사람들은 건강을 유지하고 더 나은 삶의 질을 얻기 위해 운동과 영양 관리, 생활 습관 개선에 많은 관심을 기울이고 있다. 이러한 건강 관리 활동을 지원하는 분야가 바로 헬스 산업이다. 헬스 산업은 피트니스 센터, 운동 프로그램, 건강 관리 서비스, 웨어러블 기기 등 다양한 분야를 포함하며 현대인의 건강한 삶을 돕는 역할을 한다. 헬스 트레이너와 건강 관리 전문가들은 개인의 체력 상태와 목표에 맞는 운동 프로그램을 설계하고 건강한

생활 습관을 유지할 수 있도록 지도해 왔다. 그러나 최근 인공지능(AI) 기술의 발전은 헬스 산업에도 새로운 변화를 가져오고 있으며, 이러한 변화는 '헬스 산업의 AI 혁명'이라고 불릴 만큼 운동과 건강 관리 방식에 큰 영향을 미치고 있다.

AI는 개인 맞춤형 운동 프로그램을 설계하는 데 중요한 역할을 하고 있다. 사람마다 체력 수준과 건강 상태, 운동 목표가 다르기 때문에 개인에게 맞는 운동 계획이 필요하다. AI 기반 건강 관리 시스템은 개인의 신체 데이터와 운동 기록을 분석하여 맞춤형 운동 프로그램을 제안할 수 있다. 이러한 기술은 효율적인 운동 계획을 세우는 데 도움을 준다.

또한 AI는 운동 자세 분석에서도 활용되고 있다. 카메라와 센서를 이용한 AI 분석 시스템은 운동 중 사용자의 움직임을 분석하여 잘못된 자세를 교정하거나 올바른 운동 방법을 안내할 수 있다. 이러한 기술은 운동 효과를 높이고 부상 위험을 줄이는 데 기여한다.

건강 관리 데이터 분석에서도 AI 기술은 중요한 역할을 한다. 웨어러블 기기와 스마트폰 앱을 통해 수집된 심박수, 활동량, 수면 패턴 등의 데이터를 AI가 분석하여 개인의 건강 상태를 관리하는 데 도움을 줄 수 있다. 이를 통해 사용자는 자신의 건강 상태를 보다 체계적으로 관리할 수 있게 된다.

그러나 건강 관리의 본질은 단순한 데이터 분석이나 기술적 지원만으로 이루어지지 않는다. 개인의 생활 습관을 이해하고 운동 동기를 높이며 지속적인 건강 관리를 돕는 일은 헬스 전문가의 경험과 인간적인 지도에서 비롯된다. 또한 건강 관리 과정에서의 격려와 상담은 사람과 사람 사이의 관계 속에서 이루어진다.

따라서 헬스 산업의 AI 혁명은 헬스 전문가를 대체하는 변화가 아니라 건강 관리의 가능성을 확장하는 변화라고 할 수 있다. AI는 운동 데이터 분석과 맞춤형 프로그램 설계를 지원하는 도구로 활용되며, 헬스 전문가들은 개인의 건강 목표를 이해하고 지속적인 건강 관리를 돕는 역할을 수행하게 된다. 앞으로의 헬스 산업은 인간 전문가의 지도와 AI 기반 건강 관리 기술이 결합된 새로운 형태의 건강 관리 환경으로 발전하게 될 것이다. 이러한 변화 속에서 헬스 산업은 기술과 인간적인 지도를 결합하여 더 건강한 사회를 만들어 가는 중요한 역할을 계속 수행하게 될 것이다.

95. 웰빙 산업의 AI 혁명

AI 건강 데이터 분석과 라이프스타일 관리 기술은 개인의 생활 습관과 건강 상태에 맞는 맞춤형 웰빙 서비스를 제공한다.

현대 사회에서 사람들은 단순히 오래 사는 것보다 건강하고 행복한 삶을 살아가는 것에 더 큰 관심을 가지고 있다. 이러한 삶의 방식을 추구하는 개념이 바로 '웰빙'이다. 웰빙은 신체 건강뿐만 아니라 정신적인 안정, 균형 잡힌 생활, 그리고 삶의 만족도를 높이는 것을 의미한다. 이러한 웰빙 가치를 바탕으로 발전해 온 분야가 바로 웰빙 산업이다. 웰빙 산업에는 건강 관리, 명상과 심리 안정 프로그램, 자연 치유, 라이프스타일 관리 서비스 등 다양한 분야가 포함된다. 오랫동안 웰빙 산업은 전문가

의 경험과 상담, 그리고 사람들의 생활 습관 개선을 중심으로 발전해 왔다. 그러나 최근 인공지능(AI) 기술의 발전은 웰빙 산업에도 새로운 변화를 가져오고 있으며, 이러한 변화는 '웰빙 산업의 AI 혁명'이라고 불릴 만큼 건강한 삶을 관리하는 방식에 새로운 가능성을 열고 있다.

AI는 개인의 생활 데이터를 분석하여 맞춤형 웰빙 관리 서비스를 제공하는 데 활용되고 있다. 스마트폰과 웨어러블 기기를 통해 수면 시간, 활동량, 스트레스 수준 등 다양한 생활 데이터가 수집되고 있으며, AI는 이러한 데이터를 분석하여 개인에게 필요한 건강 관리 방법을 제안할 수 있다. 이를 통해 사람들은 자신의 생활 패턴을 이해하고 보다 건강한 생활 습관을 형성할 수 있다.

또한 AI는 정신 건강과 스트레스 관리 분야에서도 활용되고 있다. AI 기반 상담 시스템이나 명상 프로그램은 사용자의 감정 상태를 분석하고 마음의 안정을 돕는 다양한 콘텐츠를 제공할 수 있다. 이러한 기술은 현대 사회에서 증가하는 스트레스 문제를 관리하는 데 도움을 줄 수 있다.

웰빙 콘텐츠와 라이프스타일 서비스에서도 AI 기술은 중요한 역할을 한다. AI는 개인의 관심과 취향을 분석하여 운동 프로그램, 명상 콘텐츠, 건강 식단 등 다양한 웰빙 활동을 추천할 수 있다. 이러한 맞춤형 서비스는 사람들이 보다 쉽게 건강한 생활을 실천할 수 있도록 돕는다.

그러나 웰빙의 본질은 단순한 데이터 분석이나 기술적 서비스만으로 이루어지지 않는다. 사람의 삶의 만족과 행복은 인간적인 관계와 공감, 그리고 삶의 의미를 찾는 과정 속에서 형성된다. 웰빙 전문가들은 사람들의 삶을 이해하고 지속적인 생활 습관 변화를 돕는 중요한 역할을 수행한다.

따라서 웰빙 산업의 AI 혁명은 인간 전문가를 대체하는 변화가 아니라 웰빙 관리의 가능성을 확장하는 변화라고 할 수 있다. AI는 생활 데이터를 분석하고 맞춤형 서비스를 제공하는 도구로 활용되며, 웰빙 전문가들은 사람들의 삶의 균형과 행복을 돕는 역할을 수행하게 된다. 앞으로의 웰빙 산업은 인간의 공감과 지도, 그리고 AI 기반 라이프스타일 관리 기술이 함께 발전하는 새로운 형태의 산업으로 성장하게 될 것이다. 이러한 변화 속에서 웰빙 산업은 기술과 인간적인 삶의 가치를 결합하여 더 건강하고 행복한 사회를 만들어 가는 중요한 역할을 계속 수행하게 될 것이다.

96. 스포츠 산업의 AI 혁명

AI 경기 데이터 분석과 선수 퍼포먼스 기술은 경기 전략과 훈련 방법을 더욱 과학적으로 발전시키고 있다.

　스포츠는 인간의 신체 능력과 경쟁 정신을 바탕으로 발전해 온 중요한 문화 활동이다. 운동 경기를 통해 사람들은 건강을 유지하고 즐거움을 얻으며 공동체의 열정을 나누기도 한다. 이러한 스포츠 활동을 중심으로 형성된 분야가 바로 스포츠 산업이다. 스포츠 산업에는 선수와 감독뿐만 아니라 스포츠 과학 연구자, 경기 운영 전문가, 스포츠 마케팅 전문가 등 다양한 직업이 포함된다. 오랫동안 스포츠 산업은 선수의 훈련 경험과 지도자의 전략, 그리고 스포츠 과학의 연구를 통해 발전해 왔다. 그

러나 최근 인공지능(AI) 기술의 발전은 스포츠 산업에도 새로운 변화를 가져오고 있으며, 이러한 변화는 '스포츠 산업의 AI 혁명'이라고 불릴 만큼 경기 분석과 선수 관리 방식에 큰 영향을 미치고 있다.

AI는 경기 데이터 분석에서 중요한 역할을 하고 있다. 현대 스포츠에서는 선수의 움직임, 경기 기록, 전술 패턴 등 다양한 데이터가 수집되고 있으며 AI는 이러한 데이터를 분석하여 경기 전략을 연구하는 데 도움을 줄 수 있다. 예를 들어 선수의 이동 경로나 경기 상황을 분석하여 상대 팀의 전략을 파악하거나 경기 운영 방식을 개선하는 데 활용될 수 있다.

또한 AI는 선수의 훈련 관리에서도 활용되고 있다. 센서와 웨어러블 장비를 통해 선수의 심박수, 운동량, 근육 사용 상태 등을 측정하고 AI가 이러한 데이터를 분석하여 선수의 체력 상태와 훈련 효과를 평가할 수 있다. 이러한 기술은 선수의 경기력을 향상시키고 부상 위험을 줄이는 데 도움을 준다.

스포츠 팬 경험을 향상시키는 분야에서도 AI 기술은 활용되고 있다. 경기 영상 분석과 자동 하이라이트 생성, 팬 맞춤형 콘텐츠 추천 등 다양한 서비스가 AI를 통해 제공되고 있으며 이는 스포츠 산업의 새로운 콘텐츠 환경을 만들어 가고 있다.

그러나 스포츠의 본질은 단순한 데이터 분석이나 기술적 시스템만으로 이루어지지 않는다. 선수의 열정과 도전 정신, 팀워

크와 경쟁의 긴장감은 인간 스포츠의 핵심 요소이다. 또한 경기 전략과 선수 지도는 감독과 코치의 경험과 판단이 중요한 역할을 한다.

따라서 스포츠 산업의 AI 혁명은 스포츠 전문가를 대체하는 변화가 아니라 스포츠 발전의 가능성을 확장하는 변화라고 할 수 있다. AI는 경기 데이터를 분석하고 선수 관리와 콘텐츠 제작을 지원하는 도구로 활용되며, 스포츠 전문가들은 선수의 능력과 전략을 발전시키는 역할을 수행하게 된다. 앞으로의 스포츠 산업은 인간의 열정과 AI 기반 분석 기술이 결합된 새로운 스포츠 환경으로 발전하게 될 것이다. 이러한 변화 속에서 스포츠 산업은 기술과 인간의 도전 정신을 결합하여 더욱 흥미롭고 발전된 스포츠 문화를 만들어 가는 중요한 역할을 계속 수행하게 될 것이다.

97. 문화 산업의 AI 혁명

AI 콘텐츠 분석과 창작 기술은 음악,
영화, 예술 등 다양한 문화 콘텐츠의
제작과 유통 방식을 변화시키고 있다.

문화는 인간 사회의 정체성과 가치, 그리고 삶의 방식을 표현
하는 중요한 요소이다. 음악, 영화, 문학, 공연, 전통 예술 등 다
양한 문화 활동은 한 사회의 역사와 감정을 담고 있으며 사람들
에게 즐거움과 감동을 제공한다. 이러한 문화 활동을 기반으로
형성된 분야가 바로 문화 산업이다. 문화 산업은 예술 창작뿐만
아니라 콘텐츠 제작, 문화 기획, 공연 운영, 문화 마케팅 등 다
양한 활동을 포함하며 현대 사회에서 중요한 경제적·사회적
가치를 만들어 내고 있다. 오랫동안 문화 산업은 예술가와 창작

자들의 창의력과 경험, 그리고 문화 기획자들의 기획 능력을 중심으로 발전해 왔다. 그러나 최근 인공지능(AI) 기술의 발전은 문화 산업에도 새로운 변화를 가져오고 있으며, 이러한 변화는 '문화 산업의 AI 혁명'이라고 불릴 만큼 콘텐츠 제작과 문화 소비 방식에 큰 영향을 미치고 있다.

AI는 문화 콘텐츠 제작 과정에서 중요한 도구로 활용되고 있다. 음악, 영상, 이미지, 글 등 다양한 콘텐츠를 제작하는 과정에서 AI 기반 생성 기술이 활용되면서 창작의 방식이 더욱 다양해지고 있다. 예를 들어 음악 제작에서는 AI가 새로운 멜로디를 제안하거나 편곡을 돕는 역할을 할 수 있으며, 영상 콘텐츠 제작에서도 자동 편집이나 시각 효과 생성이 가능해지고 있다. 이러한 기술은 창작자들이 새로운 표현 방식을 실험하는 데 도움을 준다.

또한 AI는 문화 콘텐츠 분석과 추천 시스템에서도 중요한 역할을 하고 있다. 온라인 플랫폼에서는 수많은 콘텐츠가 제공되고 있기 때문에 사용자에게 맞는 콘텐츠를 추천하는 기술이 중요하다. AI는 사용자들의 시청 기록이나 관심 데이터를 분석하여 개인의 취향에 맞는 음악, 영화, 책 등을 추천할 수 있다. 이러한 기술은 문화 콘텐츠의 소비 경험을 더욱 풍부하게 만들어 준다.

문화 기획과 시장 분석에서도 AI 기술은 활용되고 있다. 문화 산업에서는 관객의 관심과 문화 트렌드를 파악하는 것이 중요한데, AI는 다양한 문화 소비 데이터를 분석하여 새로운 콘텐츠 기획 방향을 제시하는 데 도움을 줄 수 있다.

그러나 문화의 본질은 단순한 데이터 분석이나 기술적 제작만으로 이루어지지 않는다. 문화는 인간의 감정과 경험, 사회적 이야기와 시대의 의미를 담고 있는 창조적인 표현이다. 작품을 통해 사람들에게 감동과 공감을 전달하는 일은 창작자와 문화 기획자의 인간적인 감수성과 통찰에서 비롯된다.

따라서 문화 산업의 AI 혁명은 문화 창작자를 대체하는 변화가 아니라 문화 산업의 가능성을 더욱 확장하는 변화라고 할 수 있다. AI는 콘텐츠 제작과 분석을 지원하는 도구로 활용되며, 창작자와 문화 전문가들은 새로운 문화적 의미와 가치를 만들어 내는 역할을 수행하게 된다. 앞으로의 문화 산업은 인간의 창의성과 AI 기반 기술이 결합된 새로운 형태의 문화 환경으로 발전하게 될 것이다. 이러한 변화 속에서 문화 산업은 기술과 인간의 감성을 결합하여 더욱 풍부하고 다양한 문화 세계를 만들어 가는 중요한 역할을 계속 수행하게 될 것이다.

98. 박물관의 AI 혁명

AI 전시 안내와 디지털 아카이브 기술
은 유물 정보를 더욱 생생하게 전달하
고 관람 경험을 풍부하게 만든다.

　박물관은 인류의 역사와 문화, 예술과 과학의 기록을 보존하
고 전달하는 중요한 공간이다. 고대 유물에서 현대 예술 작품에
이르기까지 다양한 전시물은 과거와 현재를 연결하며 사람들에
게 지식과 감동을 제공한다. 이러한 공간을 운영하고 연구하는
분야가 바로 박물관 분야이다. 박물관에서는 큐레이터와 연구
자, 전시 기획자들이 유물을 보존하고 전시를 기획하며 관람객
들에게 의미 있는 경험을 제공하기 위해 노력한다. 오랫동안 박
물관은 전통적인 전시 방식과 학술 연구를 중심으로 운영되어

왔다. 그러나 최근 인공지능(AI) 기술의 발전은 박물관 환경에도 새로운 변화를 가져오고 있으며, 이러한 변화는 '박물관의 AI 혁명'이라고 불릴 만큼 전시 방식과 문화 연구의 환경을 변화시키고 있다.

AI는 박물관의 자료 관리와 연구에서 중요한 역할을 하고 있다. 박물관에는 수많은 유물과 기록 자료가 보관되어 있으며 이를 체계적으로 관리하는 일이 매우 중요하다. AI 기반 데이터 분석 기술은 유물 정보를 정리하고 관련 자료를 연결하여 연구자들이 보다 효율적으로 자료를 탐색할 수 있도록 돕는다. 또한 손상된 유물의 복원 연구에서도 AI가 이미지 분석 기술을 활용하여 원래 형태를 추정하는 데 도움을 줄 수 있다.

전시 경험을 향상시키는 분야에서도 AI 기술은 활용되고 있다. AI 기반 안내 시스템이나 스마트 전시 기술은 관람객의 관심에 맞는 정보를 제공하고 전시물을 보다 흥미롭게 이해할 수 있도록 돕는다. 예를 들어 관람객의 언어와 관심 분야에 맞는 설명을 제공하거나 인터랙티브 전시 콘텐츠를 통해 보다 생생한 관람 경험을 제공할 수 있다.

또한 AI는 문화 데이터 분석을 통해 새로운 연구 가능성을 열어 주고 있다. 다양한 시대와 지역의 문화 자료를 분석하여 문화적 흐름이나 예술적 특징을 연구하는 과정에서 AI 기술이 활용될 수 있다. 이러한 연구는 인류 문화에 대한 이해를 더욱 깊게 만들어 준다.

그러나 박물관의 본질은 단순한 기술적 전시나 데이터 관리만으로 이루어지지 않는다. 유물에 담긴 역사적 의미를 해석하고 관람객에게 문화적 가치를 전달하는 일은 박물관 전문가의 지식과 해석 능력이 필요한 영역이다. 또한 문화 유산을 보호하고 다음 세대에게 전달하는 책임 역시 인간 전문가의 중요한 역할이다.

따라서 박물관의 AI 혁명은 박물관 전문가를 대체하는 변화가 아니라 박물관의 역할과 가능성을 확장하는 변화라고 할 수 있다. AI는 자료 관리와 전시 경험을 지원하는 도구로 활용되며, 박물관 전문가들은 문화 유산의 의미를 해석하고 사회와 연결하는 역할을 수행하게 된다. 앞으로의 박물관은 인간 전문가의 연구와 AI 기반 기술이 결합된 새로운 형태의 문화 공간으로 발전하게 될 것이다. 이러한 변화 속에서 박물관은 과거의 지혜와 미래의 기술을 연결하며 인류 문화의 가치를 전달하는 중요한 역할을 계속 수행하게 될 것이다.

99. 도서관의 AI 혁명

AI 도서 추천과 정보 검색 시스템은
방대한 자료를 빠르게 찾고 개인 맞춤
형 독서 정보를 제공한다.

　도서관은 지식과 정보가 모이는 중요한 공간이다. 수많은 책과 자료를 통해 사람들은 새로운 지식을 배우고 사고의 폭을 넓혀 왔다. 도서관은 단순히 책을 보관하는 장소가 아니라 학습과 연구, 문화 활동이 이루어지는 지식의 중심 공간이다. 이러한 공간을 운영하고 관리하는 분야가 바로 도서관 분야이며, 사서와 정보 전문가들이 자료를 정리하고 이용자들이 필요한 정보를 찾을 수 있도록 돕는다. 오랫동안 도서관은 책과 문서를 체계적으로 분류하고 이용자에게 자료를 제공하는 방식으로 운영

되어 왔다. 그러나 최근 인공지능(AI) 기술의 발전은 도서관 환경에도 새로운 변화를 가져오고 있으며, 이러한 변화는 '도서관의 AI 혁명'이라고 불릴 만큼 지식 관리와 정보 서비스 방식에 큰 영향을 미치고 있다.

AI는 도서관 자료 관리에서 중요한 역할을 하고 있다. 현대 도서관에는 책뿐만 아니라 전자 자료, 연구 데이터, 멀티미디어 콘텐츠 등 다양한 정보가 저장되어 있다. AI 기반 정보 분석 시스템은 이러한 방대한 자료를 자동으로 분류하고 검색할 수 있도록 지원한다. 이를 통해 이용자들은 원하는 정보를 더욱 빠르고 정확하게 찾을 수 있다.

또한 AI는 지식 탐색과 정보 추천 시스템에서도 활용되고 있다. 도서관 이용자의 관심 분야와 검색 기록을 분석하여 관련된 책이나 자료를 추천하는 서비스가 가능해지고 있다. 이러한 기술은 이용자들이 새로운 지식을 발견하고 학습의 폭을 넓히는 데 도움을 준다.

디지털 도서관 환경에서도 AI 기술은 중요한 역할을 한다. AI는 문서 요약, 자동 번역, 음성 검색과 같은 기능을 통해 다양한 방식으로 정보 접근성을 높일 수 있다. 특히 장애가 있는 이용자나 다양한 언어를 사용하는 이용자들에게 더 편리한 정보 이용 환경을 제공할 수 있다.

그러나 도서관의 본질은 단순한 정보 검색 시스템만으로 이루어지지 않는다. 이용자가 필요한 지식을 찾도록 돕고 정보의 의미를 이해하도록 안내하는 일은 사서와 정보 전문가의 중요한 역할이다. 또한 신뢰할 수 있는 지식을 선별하고 학습 공동체를 형성하는 일 역시 인간 전문가의 경험과 판단이 필요하다.

따라서 도서관의 AI 혁명은 사서를 대체하는 변화가 아니라 도서관의 지식 서비스 기능을 더욱 강화하는 변화라고 할 수 있다. AI는 방대한 정보를 정리하고 검색을 지원하는 도구로 활용되며, 사서와 정보 전문가는 이용자에게 의미 있는 지식을 연결하는 역할을 수행하게 된다. 앞으로의 도서관은 인간 전문가의 안내와 AI 기반 정보 기술이 결합된 새로운 형태의 지식 공간으로 발전하게 될 것이다. 이러한 변화 속에서 도서관은 과거와 현재의 지식을 연결하며 미래 사회의 학습과 연구를 지원하는 중요한 역할을 계속 수행하게 될 것이다.

100. 스타트업 창업가의 AI 혁명

AI 데이터 분석과 자동화 기술은 시장
조사와 서비스 개발을 빠르고 효율적
으로 진행하도록 돕는다.

새로운 아이디어와 기술을 바탕으로 혁신적인 사업을 시작하는 사람들이 있다. 이들을 우리는 스타트업 창업가라고 부른다. 스타트업 창업가는 기존 시장의 문제를 발견하고 이를 해결할 수 있는 새로운 제품이나 서비스를 개발하여 기업을 성장시키는 역할을 한다. 기술과 창의적인 아이디어를 바탕으로 새로운 산업을 만들어 내는 스타트업은 현대 경제에서 중요한 혁신의 원동력이 되고 있다.

오랫동안 스타트업 창업은 창업가의 통찰력과 도전 정신, 그리고 시장에 대한 이해를 바탕으로 이루어져 왔다. 그러나 최근 인공지능(AI) 기술의 발전은 창업 환경에도 큰 변화를 가져오고 있으며, 이러한 변화는 '스타트업 창업가의 AI 혁명'이라고 불릴 만큼 기업 창업과 성장 방식에 새로운 가능성을 열고 있다.

AI는 스타트업 창업 과정에서 시장 분석을 돕는 중요한 도구로 활용되고 있다. 창업가는 새로운 사업 아이디어가 실제 시장에서 어떤 가능성을 가질지 판단해야 하는데, AI는 소비자 데이터와 시장 트렌드를 분석하여 유망한 사업 분야를 발견하는 데 도움을 줄 수 있다. 이러한 데이터 분석은 창업 초기 단계에서 사업 방향을 설정하는 데 중요한 참고 자료가 된다.

또한 AI는 제품과 서비스 개발 과정에서도 활용되고 있다. AI 기반 기술은 다양한 분야에서 새로운 서비스 모델을 만들어내고 있으며, 스타트업은 이러한 기술을 활용하여 혁신적인 플랫폼이나 서비스를 개발할 수 있다. 예를 들어 AI 기반 추천 시스템, 자동화 서비스, 데이터 분석 플랫폼 등 다양한 기술 기반 스타트업이 등장하고 있다.

기업 운영과 마케팅에서도 AI 기술은 중요한 역할을 한다. AI는 고객 데이터를 분석하여 소비자의 관심과 행동 패턴을 파악하고 맞춤형 마케팅 전략을 설계하는 데 도움을 줄 수 있다. 또한 고객 서비스 분야에서는 AI 챗봇과 자동화 시스템을 통해 효율적인 고객 대응이 가능해지고 있다.

그러나 창업의 본질은 단순한 기술이나 데이터 분석만으로 이루어지지 않는다. 새로운 문제를 발견하고 이를 해결할 수 있는 창의적인 아이디어를 만드는 일은 창업가의 상상력과 도전정신에서 비롯된다. 또한 팀을 이끌고 기업의 비전을 제시하며 시장의 변화를 읽는 능력 역시 인간 창업가의 중요한 역할이다.

따라서 스타트업 창업가의 AI 혁명은 창업가를 대체하는 변화가 아니라 창업의 가능성을 더욱 확장하는 변화라고 할 수 있다. AI는 시장 분석과 기술 개발을 지원하는 도구로 활용되며, 창업가는 창의적인 아이디어와 리더십을 통해 새로운 기업을 성장시키는 역할을 수행하게 된다. 앞으로의 스타트업 창업가는 기업 경영 능력뿐만 아니라 AI 기술을 이해하고 활용하는 새로운 형태의 혁신가로 발전하게 될 것이다. 이러한 변화 속에서 스타트업 창업가는 기술과 창의성을 결합하여 미래 산업을 만들어 가는 중요한 역할을 계속 수행하게 될 것이다.

101. 벤처 투자자의 AI 혁명

**AI 투자 분석과 스타트업 데이터 기술
은 기업의 성장 가능성과 시장 흐름을
정밀하게 평가하도록 돕는다.**

혁신적인 기술과 아이디어를 가진 기업이 성장하기 위해서는 자금과 전략적인 지원이 필요하다. 이러한 기업에 투자하고 성장을 돕는 역할을 하는 사람이 바로 벤처 투자자이다. 벤처 투자자는 새로운 기술과 사업 모델을 가진 스타트업을 발굴하고 그 가능성을 평가하여 투자 결정을 내린다. 또한 투자 이후에는 기업의 성장 전략을 지원하며 시장에서 성공할 수 있도록 돕는 역할을 수행한다.

오랫동안 벤처 투자는 투자자의 경험과 시장에 대한 통찰, 그리고 산업 흐름을 읽는 능력을 바탕으로 이루어져 왔다. 그러나 최근 인공지능(AI) 기술의 발전은 투자 환경에도 새로운 변화를 가져오고 있으며, 이러한 변화는 '벤처 투자자의 AI 혁명' 이라고 불릴 만큼 투자 분석과 의사 결정 방식에 영향을 미치고 있다.

AI는 투자 대상 기업을 분석하는 과정에서 중요한 역할을 하고 있다. 벤처 투자자는 수많은 스타트업 가운데 성장 가능성이 높은 기업을 찾아야 하는데, AI는 기업의 재무 데이터, 시장 성장률, 기술 트렌드 등을 분석하여 투자 가능성이 높은 분야를 탐색하는 데 도움을 줄 수 있다. 이러한 데이터 분석은 투자자가 보다 객관적인 정보를 바탕으로 판단할 수 있도록 지원한다.

또한 AI는 시장 트렌드 분석에서도 활용되고 있다. 기술 산업은 매우 빠르게 변화하기 때문에 새로운 기술 분야와 산업 흐름을 파악하는 것이 중요하다. AI는 특허 데이터, 연구 논문, 산업 보고서 등을 분석하여 미래 성장 가능성이 높은 기술 분야를 예측할 수 있다. 이러한 분석은 벤처 투자 전략을 수립하는 데 중요한 참고 자료가 된다.

스타트업 운영 데이터 분석에서도 AI 기술은 활용되고 있다. 투자 이후 기업의 성장 상황을 평가할 때 AI는 고객 데이터, 서비스 이용 패턴, 매출 변화 등을 분석하여 기업의 성장 가능성을 판단하는 데 도움을 줄 수 있다. 이를 통해 투자자는 보다 정확한 투자 관리와 전략 수립이 가능해진다.

그러나 벤처 투자의 본질은 단순한 데이터 분석만으로 이루어지지 않는다. 기업의 비전과 창업자의 리더십, 팀의 역량과 시장에서의 실행 능력 등을 판단하는 일은 투자자의 경험과 직관이 필요한 영역이다. 또한 창업가와의 신뢰 관계를 형성하고 기업의 장기적인 성장을 지원하는 과정 역시 인간 투자자의 중요한 역할이다.

따라서 벤처 투자자의 AI 혁명은 투자자를 대체하는 변화가 아니라 투자 판단의 정확성과 전략을 강화하는 변화라고 할 수 있다. AI는 시장 데이터와 기업 정보를 분석하는 도구로 활용되며, 벤처 투자자는 창업가와 기업의 잠재력을 평가하고 투자 전략을 설계하는 역할을 수행하게 된다. 앞으로의 벤처 투자자는 금융 지식과 산업 이해뿐만 아니라 AI 기반 투자 분석 기술을 활용하는 새로운 형태의 투자 전문가로 발전하게 될 것이다. 이러한 변화 속에서 벤처 투자자는 기술과 창업 생태계를 연결하며 미래 산업의 성장을 이끄는 중요한 역할을 계속 수행하게 될 것이다.

102. 경영 컨설턴트의 AI 혁명

**AI 경영 데이터 분석과 시장 예측 기
술은 기업의 문제와 성장 기회를 더 정
밀하게 진단하도록 돕는다.**

기업이 성장하고 경쟁력을 유지하기 위해서는 시장 변화에
맞는 전략과 효율적인 조직 운영이 필요하다. 이러한 과정에서
기업의 문제를 분석하고 해결 방안을 제시하는 역할을 하는 사
람이 바로 경영 컨설턴트이다. 경영 컨설턴트는 기업의 경영 전
략, 조직 구조, 마케팅, 생산 시스템 등 다양한 분야를 분석하여
개선 방향을 제안하는 전문가이다. 오랫동안 경영 컨설팅은 컨
설턴트의 경험과 산업에 대한 이해, 그리고 기업 데이터를 분석
하는 능력을 기반으로 이루어져 왔다. 그러나 최근 인공지능

(AI) 기술의 발전은 경영 분석 환경에도 새로운 변화를 가져오고 있으며, 이러한 변화는 '경영 컨설턴트의 AI 혁명'이라고 불릴 만큼 기업 전략 수립과 경영 분석 방식에 큰 영향을 미치고 있다.

AI는 기업 데이터 분석에서 중요한 역할을 하고 있다. 현대 기업에서는 매출 데이터, 고객 행동 데이터, 생산 정보, 공급망 데이터 등 다양한 정보가 지속적으로 생성된다. AI는 이러한 방대한 데이터를 분석하여 기업의 운영 효율성과 시장 변화의 흐름을 파악하는 데 도움을 줄 수 있다. 이를 통해 경영 컨설턴트는 보다 정확한 데이터 기반 분석을 수행할 수 있게 된다.

또한 AI는 시장 트렌드 분석에서도 활용되고 있다. 소비자 행동과 시장 환경은 매우 빠르게 변화하기 때문에 기업은 이러한 변화를 신속하게 파악해야 한다. AI는 온라인 소비 데이터와 산업 보고서, 시장 정보를 분석하여 새로운 비즈니스 기회를 발견하는 데 도움을 줄 수 있다. 이러한 분석은 기업의 전략 수립에 중요한 참고 자료가 된다.

기업 운영 개선 과정에서도 AI 기술은 중요한 역할을 한다. 생산 공정, 물류 시스템, 고객 서비스 등 다양한 분야에서 AI 기반 자동화 시스템이 도입되면서 기업의 운영 방식이 변화하고 있다. 경영 컨설턴트는 이러한 기술을 분석하여 기업이 효율적인 운영 구조를 구축할 수 있도록 전략을 제시한다.

그러나 경영 컨설팅의 본질은 단순한 데이터 분석만으로 이루어지지 않는다. 기업의 조직 문화와 리더십, 시장 경쟁 환경을 종합적으로 이해하고 변화 전략을 제시하는 일은 컨설턴트의 경험과 통찰력이 필요한 영역이다. 또한 기업 경영진과 협력하여 실행 가능한 전략을 설계하는 과정 역시 인간 전문가의 중요한 역할이다.

따라서 경영 컨설턴트의 AI 혁명은 경영 컨설턴트를 대체하는 변화가 아니라 컨설팅의 분석 능력을 더욱 강화하는 변화라고 할 수 있다. AI는 기업 데이터를 분석하고 전략 수립을 지원하는 도구로 활용되며, 경영 컨설턴트는 이러한 정보를 바탕으로 기업의 미래 방향을 설계하는 역할을 수행하게 된다. 앞으로의 경영 컨설턴트는 경영 전략 지식뿐만 아니라 AI 기반 데이터 분석 기술을 활용하는 새로운 형태의 전문가로 발전하게 될 것이다. 이러한 변화 속에서 경영 컨설턴트는 기술과 경영 전략을 결합하여 기업의 혁신과 성장을 이끄는 중요한 역할을 계속 수행하게 될 것이다.

103. 전략 기획자의 AI 혁명

AI 데이터 분석과 시장 예측 기술은
기업 환경과 산업 변화를 정밀하게 분
석하도록 돕는다.

조직이나 기업이 지속적으로 성장하고 경쟁력을 유지하기 위
해서는 미래를 준비하는 전략이 필요하다. 이러한 전략을 설계
하고 방향을 제시하는 사람이 바로 전략 기획자이다. 전략 기획
자는 기업이나 기관의 목표를 설정하고 시장 환경과 내부 자원
을 분석하여 장기적인 발전 방향을 계획하는 역할을 한다. 또한
새로운 사업 기회를 탐색하고 변화하는 환경에 대응할 수 있는
전략을 수립하는 일도 중요한 업무이다. 오랫동안 전략 기획은
기획자의 경험과 산업 이해, 그리고 시장 분석 능력을 중심으로

이루어져 왔다. 그러나 최근 인공지능(AI) 기술의 발전은 전략 기획 환경에도 새로운 변화를 가져오고 있으며, 이러한 변화는 '전략 기획자의 AI 혁명'이라고 불릴 만큼 전략 수립과 의사 결정 방식에 큰 영향을 미치고 있다.

AI는 전략 기획 과정에서 데이터 분석 도구로 중요한 역할을 하고 있다. 현대의 기업과 조직에서는 시장 정보, 소비자 행동 데이터, 산업 동향 등 다양한 데이터가 생성되고 있다. AI는 이러한 데이터를 분석하여 시장의 변화와 경쟁 환경을 보다 정확하게 파악하는 데 도움을 줄 수 있다. 이를 통해 전략 기획자는 보다 객관적인 정보를 바탕으로 미래 전략을 설계할 수 있다.

또한 AI는 미래 예측 분석에서도 활용되고 있다. 경제 변화, 기술 발전, 소비자 트렌드 등 다양한 요소를 분석하여 향후 시장의 변화 가능성을 예측하는 데 AI 기술이 사용되고 있다. 이러한 예측 분석은 조직이 새로운 사업 기회를 발견하고 위험 요소를 사전에 파악하는 데 중요한 참고 자료가 된다.

전략 실행 관리에서도 AI 기술은 활용되고 있다. 조직의 운영 데이터를 분석하여 전략 실행 과정에서 발생하는 문제를 발견하거나 성과를 평가하는 데 AI가 도움을 줄 수 있다. 이를 통해 전략 계획과 실제 실행 사이의 차이를 줄이고 보다 효율적인 조직 운영이 가능해진다.

그러나 전략 기획의 핵심은 단순한 데이터 분석만으로 이루어지지 않는다. 조직의 비전과 목표를 설정하고 장기적인 방향을 결정하는 일은 전략 기획자의 통찰력과 판단이 필요한 영역이다. 또한 조직의 문화와 리더십, 사회 환경을 고려하여 현실적인 전략을 설계하는 과정 역시 인간 전문가의 중요한 역할이다.

따라서 전략 기획자의 AI 혁명은 전략 기획자를 대체하는 변화가 아니라 전략 수립 능력을 더욱 강화하는 변화라고 할 수 있다. AI는 방대한 데이터를 분석하고 미래 예측을 지원하는 도구로 활용되며, 전략 기획자는 이러한 정보를 바탕으로 조직의 미래 방향을 설계하는 역할을 수행하게 된다. 앞으로의 전략 기획자는 경영 전략 지식뿐만 아니라 AI 기반 데이터 분석 기술을 활용하는 새로운 형태의 전문가로 발전하게 될 것이다. 이러한 변화 속에서 전략 기획자는 기술과 인간의 통찰을 결합하여 조직의 미래를 설계하는 중요한 역할을 계속 수행하게 될 것이다.

104. 철학자의 AI 혁명

AI 시대의 등장으로 인간의 존재, 의식, 윤리에 대한 철학적 질문이 새롭게 제기되고 있다.

인류는 오래 전부터 삶의 의미와 인간의 존재, 사회의 가치에 대해 질문해 왔다. 이러한 근본적인 질문을 탐구하고 인간과 세계에 대한 깊은 이해를 추구하는 사람이 바로 철학자이다. 철학자는 인간의 삶, 윤리, 지식, 사회 구조 등 다양한 주제를 탐구하며 인간 사회의 방향과 가치에 대해 성찰하는 역할을 수행한다. 고대 철학자들부터 현대 철학자들에 이르기까지 철학은 인간의 사고와 문명의 발전에 중요한 영향을 미쳐 왔다. 오랫동안 철학 연구는 인간의 사유와 논리적 사고, 그리고 깊은 토론을

통해 발전해 왔다. 그러나 최근 인공지능(AI) 기술의 발전은 철학적 논의의 환경에도 새로운 질문과 변화를 가져오고 있으며, 이러한 변화는 '철학자의 AI 혁명'이라고 불릴 만큼 인간과 기술의 관계를 새롭게 성찰하게 만들고 있다.

AI의 발전은 철학 연구의 새로운 주제를 만들어 내고 있다. 인공지능이 인간처럼 학습하고 판단하는 기술이 등장하면서 인간의 지능과 의식에 대한 철학적 질문이 다시 제기되고 있다. 인간의 사고와 기계의 계산은 어떤 차이가 있는지, 지능과 의식의 본질은 무엇인지에 대한 논의가 활발하게 이루어지고 있다. 이러한 질문은 철학자들이 오랫동안 탐구해 온 인간 존재에 대한 문제와 깊이 연결되어 있다.

또한 AI는 윤리적 문제에 대한 철학적 논의를 확장시키고 있다. 자율주행 자동차, 인공지능 의료 시스템, 자동화된 의사 결정 시스템과 같은 기술이 등장하면서 기술의 책임과 윤리적 기준에 대한 논의가 중요해지고 있다. 철학자들은 이러한 기술이 사회에 어떤 영향을 미칠지 분석하고 인간의 존엄성과 사회 정의를 지키기 위한 윤리적 기준을 제시하는 역할을 수행하고 있다.

AI는 철학 연구의 방법에도 영향을 주고 있다. 방대한 철학 문헌과 역사적 자료를 분석하는 과정에서 AI 기반 데이터 분석 기술이 활용될 수 있으며, 이를 통해 다양한 천학적 사상과 논의를 비교 연구하는 것이 가능해지고 있다. 이러한 기술은 철학 연구의 새로운 가능성을 열어 주고 있다.

그러나 철학의 본질은 단순한 데이터 분석이나 기술적 계산만으로 이루어지지 않는다. 인간의 삶과 가치에 대해 깊이 성찰하고 존재의 의미를 탐구하는 일은 인간 철학자의 사유와 경험에서 비롯된다. 철학은 기술을 넘어 인간의 삶과 사회의 방향을 고민하는 학문이기 때문이다.

따라서 철학자의 AI 혁명은 철학자를 대체하는 변화가 아니라 철학적 사유의 범위를 확장하는 변화라고 할 수 있다. AI는 철학 연구 자료를 분석하고 새로운 질문을 제시하는 도구로 활용되며, 철학자는 인간과 기술의 관계를 깊이 성찰하는 역할을 수행하게 된다. 앞으로의 철학자는 전통적인 철학 연구와 함께 AI 시대의 윤리와 인간의 의미를 탐구하는 새로운 형태의 사상가로 발전하게 될 것이다. 이러한 변화 속에서 철학자는 기술 발전 속에서도 인간의 가치와 삶의 의미를 성찰하는 중요한 역할을 계속 수행하게 될 것이다.

105. 윤리학자의 AI 혁명

AI 기술의 발전은 개인정보 보호, 책임, 공정성 등 새로운 윤리적 문제를 제기하고 있다.

　인간 사회는 오랜 시간 동안 무엇이 옳고 그른지, 어떤 행동이 바람직한지에 대한 질문을 끊임없이 고민해 왔다. 이러한 도덕적 기준과 인간의 행동에 대한 가치 판단을 연구하는 학문이 바로 윤리학이며, 이를 연구하는 사람이 윤리학자이다. 윤리학자는 인간의 행동과 사회 제도 속에서 나타나는 도덕적 문제를 분석하고 사회가 지켜야 할 가치와 기준을 제시하는 역할을 수행한다. 정의, 책임, 공정성, 인간의 존엄성과 같은 개념은 윤리학 연구의 중요한 주제가 되어 왔다. 그러나 최근 인공지능(AI)

기술의 발전은 인간 사회에 새로운 윤리적 질문을 던지고 있으며, 이러한 변화는 '윤리학자의 AI 혁명'이라고 불릴 만큼 윤리 연구의 범위와 중요성을 확대시키고 있다.

AI 기술은 다양한 분야에서 인간의 결정을 지원하거나 대신하는 역할을 수행하기 시작했다. 의료 진단 시스템, 자율주행 자동차, 금융 분석 시스템 등 여러 기술이 인간의 삶에 직접적인 영향을 미치고 있다. 이러한 상황에서 AI의 판단이 어떤 기준에 따라 이루어져야 하는지에 대한 윤리적 논의가 매우 중요해지고 있다. 윤리학자는 이러한 기술이 사회에 미치는 영향을 분석하고 공정하고 책임 있는 기술 사용을 위한 기준을 제시하는 역할을 한다.

또한 AI 기술은 개인정보 보호와 데이터 사용에 대한 윤리적 문제도 제기하고 있다. 현대 사회에서는 개인의 데이터가 다양한 서비스와 시스템에서 활용되고 있기 때문에 데이터의 사용 방식과 보호 기준에 대한 윤리적 논의가 필요하다. 윤리학자는 기술 발전과 개인의 권리를 균형 있게 고려하는 윤리적 원칙을 연구하고 사회적 합의를 이끌어 내는 데 기여한다.

AI 개발 과정에서도 윤리적 기준은 중요한 역할을 한다. 알고리즘이 편향된 데이터를 학습하면 사회적 차별을 강화할 위험이 있기 때문에 공정성과 투명성을 고려한 기술 설계가 필요하다. 윤리학자는 이러한 문제를 분석하고 기술 개발 과정에서 지켜야 할 윤리적 원칙을 제안한다.

그러나 윤리적 판단은 단순한 계산이나 기술적 분석만으로 이루어질 수 있는 문제가 아니다. 인간의 가치와 사회적 맥락을 이해하고 다양한 이해관계를 고려하는 과정은 윤리학자의 깊은 사유와 철학적 논의가 필요한 영역이다. 기술 발전 속에서도 인간의 존엄성과 사회적 책임을 지키는 일은 인간 전문가의 중요한 역할이다.

따라서 윤리학자의 AI 혁명은 윤리학자를 대체하는 변화가 아니라 윤리 연구의 중요성을 더욱 확대하는 변화라고 할 수 있다. AI는 사회 데이터를 분석하고 기술의 영향을 이해하는 도구로 활용되며, 윤리학자는 이러한 정보를 바탕으로 인간 사회가 지켜야 할 가치와 기준을 제시하는 역할을 수행하게 된다. 앞으로의 윤리학자는 철학적 사고와 함께 AI 시대의 윤리 문제를 연구하는 새로운 형태의 사상가로 발전하게 될 것이다. 이러한 변화 속에서 윤리학자는 기술 발전 속에서도 인간의 가치와 책임을 지키는 중요한 역할을 계속 수행하게 될 것이다.

106. 종교 지도자의 AI 혁명

AI 시대는 인간의 존재와 삶의 의미에 대한 새로운 질문을 던지며 종교적 성찰의 영역을 넓히고 있다.

　인류의 역사 속에서 종교는 언제나 인간의 삶과 깊이 연결되어 있었다. 삶의 의미를 찾고, 고통 속에서 위로를 얻으며, 공동체를 하나로 묶는 역할을 해 온 것이 바로 종교였다. 그리고 그 중심에는 언제나 종교 지도자가 있었다. 종교 지도자는 신앙의 가르침을 전달하고, 신도들의 고민을 듣고, 삶의 방향을 제시하는 역할을 맡아 왔다. 그러나 시대가 변화하면서 종교의 환경도 빠르게 달라지고 있다. 디지털 기술의 발전과 함께 사람들의 삶의 방식이 바뀌고 있으며, 이러한 변화는 종교 활동에도 영향을

미치고 있다. 특히 인공지능(AI)의 등장은 종교 지도자의 역할에도 새로운 질문을 던지고 있다.

AI는 이제 단순한 기술을 넘어 인간의 지식과 언어를 이해하고 활용하는 수준까지 발전하고 있다. 이러한 기술은 종교 분야에서도 활용되기 시작했다. 예를 들어 AI는 성경, 불경, 경전 등 방대한 종교 문헌을 분석하여 특정 주제와 관련된 내용을 빠르게 찾아주거나, 설교 준비를 돕는 자료를 제공할 수 있다. 과거에는 종교 지도자가 설교를 준비하기 위해 오랜 시간 동안 문헌을 연구해야 했지만, 이제는 AI가 다양한 자료를 정리하여 새로운 통찰을 제공하기도 한다.

또한 AI는 신도들과의 소통 방식에도 변화를 가져오고 있다. 온라인 상담 시스템이나 AI 챗봇을 통해 신도들은 언제든지 종교적 질문을 하거나 고민을 나눌 수 있다. 이는 종교 지도자가 더 많은 사람들과 연결될 수 있도록 돕는 새로운 도구가 되고 있다. 특히 디지털 환경에 익숙한 젊은 세대에게 이러한 방식은 종교를 보다 친숙하게 느끼게 하는 계기가 될 수 있다.

하지만 AI의 등장은 동시에 중요한 고민도 함께 가져온다. 종교는 단순한 정보 전달이 아니라 인간의 마음과 영혼을 다루는 영역이기 때문이다. 기계가 제공하는 지식이 아무리 정교하더라도, 인간의 고통과 희망을 공감하는 능력은 여전히 인간에게서 비롯된다. 그렇기에 AI는 종교를 대신하는 존재가 아니라, 종교 지도자가 더 깊이 있는 사역을 할 수 있도록 돕는 도구가 되어야 한다.

AI 시대에도 종교 지도자의 역할은 사라지지 않는다. 오히려 인간의 삶이 더욱 복잡해질수록 영적 안내자의 필요성은 더 커질 것이다. AI는 방대한 지식을 제공하고 새로운 소통의 길을 열어 줄 수 있지만, 사람의 마음을 이해하고 공감하며 삶의 방향을 함께 고민해 주는 일은 여전히 인간의 몫이다.

따라서 종교 지도자의 AI 혁명은 기술이 종교를 대체하는 변화가 아니라, 신앙의 메시지를 더 넓은 세상에 전하고 더 많은 사람들과 연결되는 새로운 시대의 시작이라고 할 수 있다. 결국 미래의 종교 공동체는 기술과 인간의 지혜가 조화를 이루는 가운데 더욱 깊은 의미를 찾아가는 여정을 계속하게 될 것이다.

인간과 인공지능, 새로운 문명의 시작

우리는 지금 역사적인 순간을 살고 있다.

과거 인류는 불을 발견했고, 바퀴를 만들었고, 증기기관을 만들었고 컴퓨터를 만들었다. 그리고 이제 인공지능을 만들었다.

AI는 인간이 만든 가장 강력한 도구 중 하나일지도 모른다. 하지만 이 기술이 어떤 미래를 만들지는 기술 그 자체가 아니라 인간이 어떤 선택을 하느냐에 달려 있다.

AI는 인간의 일을 대신할 수도 있다. 하지만 동시에 인간이 더 창의적인 일을 할 수 있도록 도와줄 수도 있다. AI는 사회를 불평등하게 만들 수도 있다. 하지만 동시에 더 많은 사람들에게 지식과 기회를 제공할 수도 있다.

기술은 언제나 양면성을 가지고 있다. 문제는 기술이 아니라 우리가 그것을 어떻게 사용하는가이다.

AI 시대가 시작되었다. 그러나 이 시대의 중심에는 여전히 인간이 있다. AI는 계산을 할 수 있다. 그러나 꿈을 꾸지는 못한다. AI는 데이터를 분석할 수 있다. 그러나 삶의 의미를 찾지는 못한다. AI는 답을 찾을 수 있다. 그러나 질문을 만들지는 못한다.

인류의 미래는 기계가 만드는 것이 아니다. 그것은 인간이 만드는 것이다. AI는 우리의 경쟁자가 아니다. AI는 우리가 더 멀리 갈 수 있도록 도와주는 새로운 도구다.

이 책을 덮는 순간 독자에게 단 하나의 질문을 남기고 싶다. AI 시대에 당신은 어떤 미래를 만들 것인가? 그 답은 기술이 아니라 당신의 선택 속에 있다.

AI 혁명, 직업의 미래

지은이 | 이재광
펴낸곳 | 도서출판 지식서관
펴낸이 | 이홍식
등록 | 1990. 11. 21. 제96호
주소 | 경기도 고양시 덕양구 고양동 31-38
전화 | 031)969-9311 팩스 | 031)969-9313
e-mail | jisiksa@hanmail.net

초판 1쇄 발행일 | 2026년 3월 31일